本研究为"金融学"省级一流本科专业建设点（教高厅函〔2022〕14号）和"金融学"省级一流本科课程建设点（粤教高函〔2023〕33号）的阶段性成果。

金融科技时代本科金融人才培养与教学研究

刘茂平 / 著

吉林大学出版社

·长春·

图书在版编目（CIP）数据

金融科技时代本科金融人才培养与教学研究 / 刘茂平著. -- 长春：吉林大学出版社，2024. 10. -- ISBN 978-7-5768-4001-8

Ⅰ．F832

中国国家版本馆CIP数据核字第20247HT751号

书　　名：金融科技时代本科金融人才培养与教学研究
　　　　　JINRONG KEJI SHIDAI BENKE JINRONG RENCAI PEIYANG YU JIAOXUE YANJIU

作　　者：刘茂平
策划编辑：李承章
责任编辑：李承章
责任校对：甄志忠
装帧设计：刘　丹
出版发行：吉林大学出版社
社　　址：长春市人民大街4059号
邮政编码：130021
发行电话：0431-89580036/58
网　　址：http://www.jlup.com.cn
电子邮箱：jldxcbs@sina.com
印　　刷：杭州五象印务有限公司
开　　本：787mm×1092mm　1/16
印　　张：14.25
字　　数：200千字
版　　次：2025年5月　第1版
印　　次：2025年5月　第1次
书　　号：ISBN 978-7-5768-4001-8
定　　价：79.00元

版权所有　翻印必究

前　　言

　　金融是现代经济的核心，随着全球科技与信息技术的进步、经济与金融全球化进一步的发展以及资本市场等的重组与调整，当今的金融已经成为以金融一体化、自由化、市场化以及电子化为方向的复杂学科。2024年7月，党的二十届三中全会指出，面对新一轮科技革命和产业变革，面对人民群众新期待，必须自觉把改革摆在更加突出位置，紧紧围绕推进中国式现代化进一步全面深化改革；同时提出教育、科技、人才是中国式现代化的基础性、战略性支撑。必须深入实施科教兴国战略、人才强国战略、创新驱动发展战略，统筹推进教育科技人才体制机制一体改革，健全新型举国体制，提升国家创新体系整体效能。为实现这些战略目标，我国在今后一段时间内必将急需大量既有较深理论基础又有较强实践能力且发展后劲足的复合型金融高级技能人才，这必将直接影响金融学科建设的革新和触发金融专业人才培养模式的自适性调整。

　　随着信息技术的飞速进步与广泛应用，金融科技已成为推动全球金融业变革的重要力量。它不仅深刻改变了金融服务的提供方式，还极大地丰富了金融产品的形态与内涵。从移动支付、区块链货币到智能投顾、大数据风控，金融科技的创新应用正在以前所未有的速度重塑着金融行业的每一个角落。

　　在实际应用中，金融科技已经展现出巨大的潜力和价值。移动支付技术的普及让人们的支付方式更加便捷、高效，无需现金和银行卡，只需通过手机就能完成各种交易。区块链技术的应用为金融领域带来了更高的透明度和安全性，使得交易记录不可篡改，有效防止了金融欺诈和洗钱等行为。智能投顾则利用大数据和人工智能技术，为投资者提供个性化的投资建议和资产配置方案，极大地提升了投资效率和收益。而大数据风控则通过分析和挖掘海量数据，帮助金融机构更好地识别和管理风险，提高风险防控能力。

然而，金融科技的快速发展也对金融人才的培养提出了新的挑战。传统的金融教育模式往往侧重于理论知识的传授与基本技能的训练，而在金融科技时代，学生不仅需要掌握扎实的金融理论知识，还需要具备运用先进信息技术解决金融实际问题的能力。因此，如何培养既精通金融又擅长技术的复合型金融人才，成为当前高等教育领域亟待破解的重要课题。

在此背景下，笔者撰写了《金融科技时代本科金融人才培养与教学研究》一书。本书旨在通过全面而深入的分析，探讨金融科技的发展现状与未来趋势，揭示其对金融行业的影响以及对传统金融理论的挑战与重塑。更重要的是，笔者聚焦于金融科技时代对本科金融人才培养的新要求，以及如何通过教学改革与创新来培养适应这一时代需求的本科金融复合型人才。

在内容结构上，本书从金融科技的基本概念、发展历程与核心技术入手，逐步深入到金融科技对金融行业的全面影响，包括业务模式、风险管理、客户服务等方面的变革。同时，本书还详细剖析了金融科技对传统金融理论的挑战与重塑，探讨在这一新时代背景下，金融学专业学生需要具备哪些新的知识与技能。

此外，本书以案例的方式介绍了相关高校在金融科技人才培养方面的探索与实践。本书深入分析了不同高校在课程体系设置、教学方法创新、实践教学环节加强等方面的具体举措与成效，以期为相关院校提供可借鉴、可推广的成功经验。

希望本书的出版不仅能够为金融科技时代本科金融人才的培养与教学提供有价值的理论指导与实践参考，还能够激发广大教育工作者对金融科技教育的深入思考与积极探索。笔者期待本书能够推动我国金融科技时代应用型本科金融人才教育的蓬勃发展，为我国金融科技的持续创新与金融行业的稳健发展贡献智慧与力量。同时，笔者也希望本书能够成为广大金融学子在金融科技时代成长与发展的有力助手。

刘茂平

2024年8月

目　录

第一章　导　　论 ·· 001

第二章　文献综述 ·· 004
 第一节　关于本科金融人才培养能力体系的文献综述 ············· 004
 第二节　关于本科金融人才培养课程体系的文献综述 ············· 005
 第三节　关于本科金融人才培养课程标准的文献综述 ············· 007
 第四节　关于本科金融人才培养评价体系的文献综述 ············· 009
 第五节　关于本科金融人才培养模式的文献综述 ··················· 010
 第六节　本章小结 ··· 012

第三章　金融科技发展对金融行业的影响引发金融人才需求的新趋势 ··· 013
 第一节　金融科技发展与新文科的出现 ································ 013
 第二节　金融科技背景下金融人才需求的新趋势 ··················· 017
 第三节　金融科技时代金融人才的能力要求 ·························· 022
 第四节　本章小结 ··· 027

第四章　金融科技时代应用型金融人才培养方案修订调研 ············· 029
 第一节　调研的基本情况 ··· 029
 第二节　调研结果分析 ·· 031

第三节　调研结论及对策建议 …………………………………… 064
　　第四节　本章小结 ………………………………………………… 066

第五章　金融科技时代应用型本科高校金融人才培养的问题分析 ……… 068
　　第一节　传统的金融人才培养模式滞后 ………………………… 068
　　第二节　传统的金融人才培养课程体系有待优化 ……………… 073
　　第三节　金融学专业数据智能型师资队伍建设亟待加强 ……… 076
　　第四节　金融学专业教学质量的评价体系有待完善 …………… 077
　　第五节　本章小结 ………………………………………………… 080

第六章　金融科技背景下本科金融人才培养的个案分析 ……………… 082
　　第一节　新科技革命背景下应用型本科高校金融学专业
　　　　　　人才培养改革——以广东技术师范大学金融学专业为例 … 082
　　第二节　金融科技背景下课程建设——以广师大省级
　　　　　　一流本科课程金融学为例 ……………………………… 092
　　第三节　金融科技背景下高职本科一体化金融人才培养的
　　　　　　案例分析 ………………………………………………… 128
　　第四节　金融科技背景下大学班主任对大学生学业的影响分析 … 131
　　第五节　金融科技背景下知识产权金融实务人才培养课程体系
　　　　　　构建研究 ………………………………………………… 159
　　第六节　本章小结 ………………………………………………… 166

第七章　金融科技时代应用型本科高校金融人才培养对策建议 ………… 168
　　第一节　合理规划金融科技时代金融人才的培养方案 ………… 168
　　第二节　重构应用型金融人才培养模式 ………………………… 170
　　第三节　强化面向提升学生数字化技能与行业匹配度的教学模式 … 173
　　第四节　加大教学内容创新和课程体系改革 …………………… 177

第五节 拓展跨学科知识学习以培养"金融+科技"
　　　　复合型金融人才的综合素质 ……………………… 184
第六节 加强数据智能型金融学师资队伍建设 ……………… 186
第七节 优化金融人才培养质量评价体系 …………………… 189
第八节 强化金融学专业的教学质量保障体系 ……………… 194
第九节 本章小结 ……………………………………………… 195

结　　语 …………………………………………………………… 197

参考文献 …………………………………………………………… 198

附　　录 …………………………………………………………… 206

后　　记 …………………………………………………………… 215

第一章 导　　论

近些年，一场以人工智能、大数据、云计算、区块链、物联网等为内涵的科技革命浪潮正在全方位地影响着人类生活，其特征主要表现为智能化、数字化以及网络化。在金融领域，新科技革命浪潮正在推动着信息技术与金融业务的深度融合，以金融科技创新为典型代表的金融创新引领着金融变革，导致了"金融+科技"应用型金融人才面临着巨大缺口。当前，应用型金融科技领域人才储备匮乏，导致新毕业的学生在初入职场时难以迅速适应并满足企业日益增长的发展需求（梁艳，蒲祖河，2023）。而传统方式培养出来的金融专业毕业生却因难以适应市场需要而难以就业。在金融科技背景下，如何科学合理地改进和完善人才培养模式，已成为我国各高校金融教育当前面临的主要问题（王馨，王营，2021）。应用型本科高校金融学专业在人才培养方面的改革，亦将重点关注如何有效应对金融科技领域人才储备不足的问题，确保毕业生能够更好地满足企业日益增长的发展需求，这源于新科技革命带来的机遇与挑战。

新技术革命浪潮给金融业带来了极大的发展机遇，推动着金融业不断创新，不仅包括产品、服务过程、服务对象等广泛的创新，还包括整个金融产业的形态变化创新等。极大地丰富了金融业的供给侧改革，提升了金融要素获得的便利性，带来了金融业价值创造模式的变化，也导致了市场对应用型金融专业人才的需求变革。这种变革主要体现在对金融人才个体所应具备的知识和能力等方面的要求变化：知识要求变化主要体现在更加强调金融与新技术结合的复合型知识；能力要求变化主要体现在更能利用金融科技主动获取知识、开发技术并运用到金融领域进行创新创业的能力，利用大数据平台实现用户至上的实践应用能力等。并且基于新科技革命在金融领域应用所带来的风险，比如监管风险、道德和法律风险、算法违背价值观和伦理的风险等，都要求金融潜在从业人员具备更为良好的思想道德素质和职业操守。

在新技术革命的冲击下，传统金融面临着严峻的挑战（王娟，尹敬东，2019）。金融学科的边界、研究范式不断被打破和重构。如今的"微经济"时代，"自金融"成为主流，基于新技术开放、聚合、互联与智能的特质，有"创意经济"之称的网络经济表现为加速、频繁、持续的创新。互联网技术与金融核心业务深度整合，第三方支付、网上金融服务等互联金融，加速了金融脱媒的进程。以商业银行为代表的传统金融机构纷纷加快金融互联网化布局的步伐，在客户服务模式、销售营销模式、产品开发模式、支付模式、运营操作模式等方面不断进行突破创新，"金融触网"持续推进。为了紧随金融机构以及金融环境日新月异的变化步伐，培养可以满足时代发展和实践需要的复合型金融人才，高校金融人才培养目标理应随之发展改变：复合型金融人才不仅应具备良好的心理素质、高尚的职业道德操守，同时还应具有互联网精神、跨领域的知识储备、对海量信息的处理能力以及跨文化的交流和沟通能力等。

在新的机遇和挑战下，市场对金融学专业人才的需求也发生着新的变化（张艳英，2019），这些变化必将引起金融学科建设的革新，触发金融专业人才培养方案的自适性调整。早在2014年3月，教育部就明确了我国高等教育的改革方向，即在2014年全国普通本科高等院校的1200所学校中，将有600多所逐步向应用技术型大学转变。应用型本科人才培养是本科院校办学的重要特色，也是引领人才的重要特征（陈德余，2018）。因此，在如今的新技术浪潮推动金融不断创新倒逼传统金融改革的大背景下，应用型本科高校金融学专业急需完善课程体系，从而实现培养满足社会需求的应用型金融人才的目标。

本书基于新科技革命浪潮下金融科技与金融专业相结合的视角，在总结新科技革命对金融行业的影响引发金融人才需求新趋势的基础上，分析了金融科技背景下对应用型金融人才的能力要求，总结了金融科技背景下应用型本科高校金融人才培养存在的问题，在此基础上提出以金融科技为核心的应用型本科高校金融人才培养的可行路径。这既有助于培养适应新科技革命发展形势的金融人才，又有助于推动我国金融业高质量发展。

第二章 文献综述

随着金融科技的迅猛发展，金融行业正经历着前所未有的变革。大数据、云计算、人工智能、区块链等先进技术在金融领域的广泛应用，不仅改变了金融业务的运作方式，还对金融人才的培养提出了新的要求。本章内容旨在综述近年来关于金融科技时代本科金融人才培养与教学研究的文献，探讨当前金融人才培养面临的挑战、改革方向以及有效的教学策略和本科金融人才培养模式。

第一节 关于本科金融人才培养能力体系的文献综述

对于金融学专业人才培养所应包含的能力体系，已经有较多的相关研究，不同的学者从不同的角度也提出了不同的建议。

任辉（2018）认为一名合格的金融保险本科专业学生应具备理论分析能力、金融业务能力、财会业务能力、综合实践能力以及组织沟通能力。梁玉（2019）认为金融类专业人才应具备的能力包括学习及获取知识的能力、实践应用能力、创新创业能力和适应国内、国际环境的职业发展能力。教育部高等学校教学指导委员会制定的《金融学类专业教学质量国家标准》（2014）对金融学专业学生的能力要求为获取知识的能力、实践应用能力、创新创业能力以及适应金融市场变化所必需的其他能力等。普华永道对金融业首席执行官（CEO）的一项调查显示：除专门的业务能力外，解决问题的能力、协作能力、领导能力、风险管理能力、适应能力、创造和创新能力被企业认为是最重要的六大能力，尽管这是对金融高层次人才的能力需求，但依然对高校金融学专业学生的能力培养极具参考价值。

很显然，已有研究及实践都对金融人才能力体系的构成做了很好的探讨，但从目前的现状来看，金融学专业人才的培养还存在以下一些明显的问题：对学生职业操守重视不够以致学生缺乏自我提升的主观动力；金融学专业毕业生业务操作能力不强；重理论教学、轻能力塑造等（刘茂平，2020）。在实践教学中，存在实践教学能力标准不明确、缺乏对理论体系和实践体系的内在统筹规划以及实践技能和实践能力培养界定不清晰等问题（梁玉，2019）。并且这些研究和实践都是基于传统分析方法以及新技术革命前的环境背景做出的适应性最优选择。在新科技革命的冲击下，金融实务人才必须以现代经济、金融、管理等财经学科知识为基础，在掌握系统的经济学知识及理论的背景下，突出金融学知识，并且拥有较强的相关金融实践应用能力，拥有高尚的职业道德操守，同时还应有互联网精神、跨领域的知识储备、对海量信息的处理能力，以及跨文化的交流和沟通能力等。

第二节　关于本科金融人才培养课程体系的文献综述

对于金融人才培养的课程体系的研究，在近几年引起了理论和实务界的广泛关注。徐秋艳等（2024）认为目前金融学课程体系跨学科的课程设置较少，不利于数字金融交叉性学科的发展，难以满足对数字金融人才的培养需求。梁龙跃等（2023）认为在金融科技背景下，高校应紧跟金融科技的发展趋势，对金融学专业课程体系进行重新构建，增设涵盖智能金融、机器学习、金融风险控制、多方安全计算、区块链等关键领域的课程。通过整合IOP设备（Input/Output Processor，与金融科技服务、支付处理、身份验证或其他金融相关功能紧密相关的某种智能设备或技术平台）、人工智能与大数据技术，提供更加精准的金融服务，以满足客户的实际需求。同时，利用人脸识别、指纹识别、虹膜识别等生物识别技术，增强客户在进行转账、汇款、大额提现等操作时的安全性，让人工智能技术更具金融特色与属性。此外，高校还应注重智能风控的教学，使学生掌握如何实现线上、线下及小微业务全面覆盖的新型全域风险控制。在多方安全计算方面，要确保学生能够理解并应用其原理，以推动联合风控、联合贷款及合规数据协作的高速发展。而且，通过探索区块链技术在物联网、物流、票据、产业金融等不同金融场景的应用，培养学生运用创新技术推动企业可持续发展的能力。掌握这些前沿的金融科技知识，将使学生能够更好地适应金融科技背景下的岗位需求，成为行业所需的复合型人才。冯文芳（2015）指出目前高校金融学专业课程体系建构存在"课程设置过细、课程结构僵化、忽略学生个性培养"等问题，提出"以人才培养目标为中心设置课程体系、强化实践教学"等建议，认为金融学专业课程体系的建构是复合型金融专业人才培养目标的关键。唐靖廷等（2017）认为金融学专业课程教学现状必须做出改变，提出应用型本科院校具备的基本特征，为建构金融学课程体系提供了方向。此外，他还提出有效培养社会需求的金融人才的策略，主要有科学制定应用型本科学院金融学建设的总体规划，科学制订金融学专业四年课程教学计划，以教师的专业背景、教学经验架构教师团队。何子梅（2019）主要揭示了目前高职院校的教学模式，提出了一体化教学模式，并强调重视实践教学，加大校企合作为学生提供实践平台，打破传统教学模式，以项目化教学为基础来培养复合型金融专业人才。何子梅认为要使一体化教学在高校金融学专业中得到切实的应用，应该对课程进行优化，进而激发学生的潜能。她认为高职本科一体化的策略有：优化理论教学、结合多种教学模式、强化实践课堂、建设实验室、网络助学等，让金融高管教师调动学生学习的主动性，培养社会经济发展需求的人才。邓旭霞（2019）在此基础上强调建设高水平教师队伍的重要性，她认为高校应提高教师的综合素质，打造一支结构合理、专业精通、知识渊博、治学严谨的专业教师队伍。王宇鹏（2009）认为在新时期发展背景下重新设置培养目标，以就业作为目标导向，充分掌握市场岗位的能力需求，培养应用型的金融专业人才，这应当是高校不可推卸的社会责任。因此，随着社会的发展，传统的教学模式应该做出相应的调整和改变，高校培养金融专业人才不单单是高校的事情，而是与整个社会的可持续发展联系起来，并以应用型人才为核心而逐步开展。高校应该积极优化培养目标，强化实践教学环节以培养具有国际视野、综合素质高、专业实力强的金融专业优秀人才。

综上所述，社会与金融科技的发展明显增强了对复合型金融人才的需求，高校金融学专业必须打破传统教学模式，开发新的金融学专业课程体系。如何科学设计金融学专业课程体系，如何将现代信息技术等应用到金融学专业教学中，从而培养出社会经济发展所需要的复合型金融人才，是一个迫切需要解决的问题。

第三节　关于本科金融人才培养课程标准的文献综述

在本科金融人才的培养中，目前我国有一种形式是高职本科一体化，是当前为完善我国高等教育体系培养合格人才的一项重要措施，它不是简单的专科学校办本科，而是为了探索出一条本科院校专业改造转型和高职院校专业改革创新之路。由于课程标准在《金融学类专业教学质量国家标准》中已经有规范的描述，所以在此就不再阐述，但高职本科一体化教育中的金融本科教育是一种较新的形式，该教育模式在我国处于起步阶段，所以各方面建设都处于逐步完善过程中，对于课程标准还没有统一规范，因此，也成为研究者们感兴趣的研究对象。

在总结高职本科一体化的人才培养发展不足及存在的问题上，柯慧明（2019）认为目前对高职本科人才培养的类型和层次定位、专业和职业属性以及学术和技术关系的认识尚不深入。孙翠香（2018）认为高职本科一体化教育存在的问题主要有：人才培育目标定位模糊、课程体系难以突破既定框架、教材缺乏、师资瓶颈等。

在高职本科一体化人才培养的发展方向上，张根友（2017）认为高职本科一体化人才培养应该从人才培养方案、课程体系、教学模式、质量监控体系等四个方面进行改革和完善。谢琼等（2017）认为高职本科"4+0"培养模式既要重视学生的理论知识培养，更要培养学生的职业素质能力，要注重实践环节。王明伦（2013）认为我国的高职本科一体化教育着力点应该在高职本科教育机构（学校）名称、培育目标和发展路径这三个方面。檀祝平等（2014）认为对于高职本科一体化教育，学校应先处理好这三个问题：学生职业类型定位、高职本科一体化课程整合过程中的技术处理、整合过程中的人才管理和教学评估。

在构建高职本科一体化人才培养的教学标准上，郭福春等（2015）认为培育应用型人才是顺应当今时代的发展潮流，并以制定高职院校财经类专业教学标准为出发点，实现职业能力标准到专业教学标准的"转化"，要实现高职人才培养的职业性和发展性的有机融合。吴泊良（2018）认为高职本科一体化专业教学标准可通过建立专业知识标准和运用能力标准这两方面进行考核。柯慧明（2019）通过解释高职本科院校人才培养的种类和层次、专业特点和职业特点、学习能力和技术水平，得出要构建更完整的一体化体系可从一个中心（综合教育）和四个属性（产业、专业、学术、创新）的角度来考察，在实践中，对高职本科教学体系做出系统的、分工合作的、由浅入深的、循序渐进的整体规划。

在借鉴国外先进人才培养经验的基础上，张蕴等（2016）对比了德国职业教育体系，认为我国的高职本科一体化教育应该加强对职业教育的法制体系建设，制定出科学的外部质量标准体系，并对内部自我评价机制进行改进，注重培养应用型人才。韩树明等（2016）根据德国"Two in One"进行分析，得到的启示是培养技术型的人才很重要，高水平的技术型人才对于国家的经济发展起到关键作用。

综上所述，高职本科一体化培养应用型本科金融人才的办学模式正处于试验阶段，目前国内关于高职本科一体化的研究多属于前瞻性的研究，主要集中在关于发展高职本科一体化的必要性、可行性、发展途径以及人才培养模式、教师队伍建设和课程体系等方面，并且理论研究较多，实证调查研究相对较少，研究的深度和广度都有待于加强。整体上来看，目前高职本科一体化的专业教学标准研究尚处于起步和摸索阶段，存在不少问题与不足，如何规范其教学标准是一个新的课题。

第四节　关于本科金融人才培养评价体系的文献综述

众多学者对本科金融人才培养的教学质量评价体系进行了相关研究。杨竑（2021）认为要持续推进校企合作模式的深化，着重培养从业人员的科技创新意识与创新能力，目标在于培养出既精通金融又擅长科技的复合型人才，以优化金融业的人才结构，为金融科技的发展提供坚实的智力支持。为此，必须完善金融科技人才的评价体系，明确该领域人才所需具备的能力要求，并制定出一套统一的能力量化标准，用以全面评估金融科技人才的能力成熟度。梁龙跃等（2023）认为在金融科技背景下，传统的金融学教育中，有些学校的考核评价体系不适应行业要求。表现为大多数教师主要把学生期末考试成绩作为其学习效果评价的重要参考标准，忽视了对学生金融学专业学习过程的评估，尤其是对学生实验操作技能的考查不足。

李乾（2016）强调要遵循多元化主体参与、教师发展性、针对性、信息化、定性与定量相结合的评价原则，用层次分析法来构建评价指标，引导评价结果的正确使用以及建立保证教学质量的运行机制。魏丽青（2018）基于发展性评价视角强调评价主体的多元化，要求全员参与，特别注重教师主动参与评价。逄淑梅和张广亮（2019）针对在金融学专业实践中教学质量评价体系存在的三阶段问题，即实践教学设计评价、过程评价和效果评价，提出相应的评价方法。袁宜英和李青（2019）从学生视角评价课堂教学质量，着重关注学生的学习意愿、体验及效果，发现并指出人才培养中的不足，通过设计验证满意度评价指标体系来改进教学质量。崔健和柳春涛等（2019）指出实践教学质量评价体系中存在对评价目的认识有偏差，未充分发挥其应有的作用和缺失相应评价环节，未能追踪改进效果等问题，同时提出相应的解决对策。陈彩凤（2019）通过借鉴英国索尔福德大学的课程教学质量评价指标体系，提出中国高职院校的教学质量评价建议。刘勇（2021）认为高校是人才培养的主要力量。尽管金融科技机构和社会培训机构在人才培养方面发挥着重要的辅助作用，但人才培养的关键仍然在于高校。更进一步来说，高校金融科技人才发展的关键在于找到与之相匹配的教师队伍。

综上所述，现有研究大多都是针对本科院校的教学质量评价体系情况进行分析，取得了较为丰富的理论成果，对完善本科金融人才培养评价体系有很好的指导和借鉴意义。

第五节 关于本科金融人才培养模式的文献综述

复合型人才的培养是与时代发展紧密相连的，不同时代对复合型人才的需求和标准也会有所不同。同时，高校在设置专业时，应以市场需求为重要导向，并随着企业需求的变化而进行相应的调整。经过长时间的发展，我国金融行业的传统型金融人才已经基本饱和，而对于具备工科等其他专业背景的复合型金融人才的需求却日益增大。这一现状也促使高校不得不进行专业转型，无论是在专业设置还是在人才培养方案的制定上，都需要紧跟时代的步伐，以市场和企业的实际需求为导向，及时做出相应的调整和优化（李昌碧，林菡，2024）。比较典型的复合型人才培养模式主要包括开展选修课模式、双学位班模式、专门化班模式。但随着时代的发展，尤其是受数字经济的影响，传统的培养模式已经跟不上行业的变化，科技的广泛渗透也迫切需要更加多样化的培养模式（李昌碧，林菡，2024）。李昌碧等（2024）认为对现有专业升级改造：一是在金融学、保险学等传统专业基础上增设新的方向；二是在传统专业中开设新的课程；三是开设新专业。李文禹等（2024）认为目前学界对于高校跨界人才的培养主要有跨学科、跨专业、跨地区三种模式，而手段则主要集中于开展包括政府、企业、高校在内的多元跨界合作。他们认为跨界融合型互联网金融专业人才培养模式的实施路径应该做到：跨校企界、跨理实界、跨专业界。张玉（2024）认为金融科技时代应用型人才培养应该调整传统的教学模式，培育学生创新思维，改变理论性教学占据主导的形式，融合行业实践经验和技能要求，开设可帮助学生实现学以致用的实训课程，并在实训课程中适当增加行业领先技术要求与标准内容，让学生能结合小组的形式自觉进行思考和讨论。何涛等（2024）认为加快数字化金融人才队伍建设的一个必要措施是构建全新的数字化金融人才培养模式，着重培养复合程度高、实践技能和创新能力强的高质量人才。梁龙跃等（2023）认为要构建金融科技产教融合创新模式，加强校企合作，实施产学研用协同攻关，将有助于培养适应行业需求的高素质人才，从而推动金融科技行业的创新和发展。

综上所述，金融科技时代对本科金融人才培养提出了新的挑战和要求。通过课程体系创新、教学方法改革、师资队伍建设以及产学研合作，可以有效提升金融人才的培养质量，满足金融科技行业对复合型、创新型金融人才的需求。未来，持续探索适应金融科技发展的教育模式将是金融教育领域的重要课题。

第六节 本章小结

随着金融科技时代的到来，金融行业对人才的需求发生了深刻变化，对应用型本科金融人才的培养提出了更高的要求。本章从本科金融学人才培养能力体系、课程体系、课程标准、评价体系以及人才培养模式等方面综述了当前金融科技时代应用型本科金融人才培养的研究现状。金融科技的发展使得科技与金融深度融合，推动了金融业务的创新和变革。这种变化不仅带来了新业务模式和产品，也对金融人才的培养提出了新的挑战和要求。金融科技人才不仅需要具备扎实的金融理论知识，还需要掌握数据分析、人工智能、区块链等前沿技术。传统的本科金融学人才培养能力体系、课程体系、课程标准、评价体系以及人才培养模式等方面都或多或少存在一些与金融科技时代的要求不太吻合的问题，比如部分应用型本科院校在金融专业人才培养上仍存在目标与理念不够灵活的问题。传统金融专业培养方案往往滞后于市场需求，未能充分融入金融科技的内容，导致人才培养与市场需求之间存在结构性失衡。教学内容方面，多数高校金融专业课程设置仍停留在以往经验的基础上，未能及时更新以适应金融科技的发展。教学方法上，以教师为中心、填鸭式授课的方式仍占主导，缺乏互动和实践环节，难以激发学生的学习兴趣和主动性。重理论轻实践是当前金融学专业人才培养的另一个问题。部分课程操作性弱、实用性差，缺乏与金融行业相关的实践基地和校企合作项目，导致学生缺乏实践经验和职业素养。此外，教育资源不足也限制了实践环节的开展。因此，在未来金融人才的培养也应注重跨学科知识的融合，以培养学生的综合素质和创新能力。需从能力体系、课程体系、课程标准、评价体系以及人才培养模式等方面入手，不断改革和创新人才培养模式，以适应金融科技的发展需求。

第三章　金融科技发展对金融行业的影响引发金融人才需求的新趋势

第一节　金融科技发展与新文科的出现

一、新文科的基石是金融科技的发展

新文科的出现有鲜明的时代背景：以互联网、云计算、人工智能、数据挖掘、区块链为代表的日新月异的全球新科技革命，导致文科的研究边界、研究范式不断被打破和被重构，传统文科的思维模式面临严峻挑战。为应对这种挑战，新文科以交叉融合、协同共享、继承创新为主要途径，变学科导向为以需求为导向、变专业分割为交叉融合、变适应服务为支撑引领，推动传统文科更新升级。

2018年8月，教育部明确指出高等教育创新发展势在必行，提出"高等教育要努力发展新工科、新医科、新农科、新文科"（简称"四新"建设），正式提出"新文科"这一概念。2019年4月，教育部联合科技部等13个部门共同启动"六卓越一拔尖"计划2.0，作为"四新"建设之一的"新文科"从概念提出进入正式实施阶段。努力建设覆盖全部学科门类的中国特色、世界水平的一流本科专业集群，为2035年建成高等教育强国、实现中国教育现代化提供有力支撑（李孝德，李恒昌，2021）。

金融学属于经济学门类，是文科类下的一个专业。全球新科技革命下金融学所受到的影响更为直接，普通高校特别是应用型高校金融人才培养目标理应做出及时调整，以培养符合时代发展需要的复合应用型金融人

才。本书从能力体系及培养模式角度进行分析，以起到抛砖引玉的作用。

二、新文科下应用型本科高校金融人才的能力构成

新文科建设的背景是基于新时代新科技革命的冲击，要求未来的金融人才应当是跨专业、跨领域的复合型人才，能力构成多元化，但在当下的培养模式下，很难满足这种复合型人才培养需求。笔者认为新文科建设背景下应用型本科高校金融人才能力体系具体可以体现为三种能力：职业能力、普适性能力和学术能力。其中，职业能力是体现教育质量的核心标准，普适性能力和学术能力则是衡量其质量的一般标准。

（一）职业能力

职业能力是指经过大学教育的系统培训，其毕业生进入社会以后能迅速适应新的工作岗位并且在实际工作中能发挥良好作用。对金融学专业本科生而言，至少应具有以下四种职业能力：（1）金融职业判断能力：熟悉与金融相关的方针、政策和法规及国际惯例；了解金融学的理论前沿和发展动态。（2）金融实践动手能力：能够在金融实践活动中灵活运用所掌握的专业知识；能够对各种国内外的金融信息加以甄别、整理和加工，从而为政府、企业、金融机构等部门解决实际问题提供对策建议。（3）金融执业能力：能参与战略经营和管理决策，把握行业发展趋势，较好地利用专业知识解决专业问题。（4）财务决策分析能力：能够综合运用金融财务信息，为投融资管理决策提供意见和建议。

（二）普适性能力

按照联合国教科文组织的定义，普适性能力是指使受教育者获得在某一领域内从事几种工作所需要的广泛的知识和基本技能，使之在选择职业时不致受到本人所受教育的限制，甚至在一生中可以从一个活动领域转向另一个活动域。对金融学专业本科生而言，至少应具有以下两种普适性能力：（1）方法能力：数字应用、信息处理、自我学习、创新革新，具有宽广的人文、社会科学知识，掌握金融学、企业经营管理、经济学、法学

和会计学的基本理论、基本知识；具备较强的自主学习能力、创新能力，能用经济管理知识对一些相关政策和现象做出合理的解释，有创新精神和创新思维，熟练使用计算机从事业务工作；熟练运用现代信息管理技术进行专业文献检索、数据处理、设计模型等。（2）社会能力：与人交流、与人合作、解决问题、外语应用，具有良好的汉语写作能力；具有一定的口头和书面表达能力、沟通交流能力、组织协调能力、团队合作能力，以及适应金融市场变化所必需的其他能力；具有协调人际关系的能力，有团队合作精神；具有良好的身体素质、心理素质、职业道德、诚信意识和社会责任感；熟练掌握一门外语，具备较强的外语阅读、听、说、写、译的能力。

（三）学术能力

学术能力是指通过大学教育的系统培训，使其毕业生掌握某一专业领域中的系统知识，并以此为基础，运用该专业领域中的系统知识去发现问题、分析问题、解决问题并创造新知识。笔者认为，创造新知识或者所应具备的创新精神是学术性标准的核心。对金融学专业本科生而言，至少应具有以下三种学术能力：（1）数学与逻辑能力：掌握文献检索、资料查询的基本方法，具有一定的调查研究和科研的能力，熟练使用专业数据库从事专业论文以及研究报告写作等。（2）自主创新与洞察力：掌握金融学的基本理论和方法，既要有创新意识，也要有创新能力和创业能力；能够学以致用，创造性地解决实际金融问题；具有专业敏感性，能够把握发展的趋势，在激烈的市场竞争和国际竞争中敢于创新，善于创新。（3）独立研究问题能力：能够掌握有效的学习方法，主动进行终身教育和终身学习；能够应用现代科技手段进行自主学习；适应金融理论和实践快速发展的客观情况，与时俱进。

结合笔者的调研（见第四章），在企业用人主要考虑的因素方面，排在前三位的是团队协作能力、协调沟通能力及学历；在能力差距方面，差距最大的前三位是沟通能力、金融技能、营销能力及动手能力（并列）。

这充分说明了金融服务业的属性，金融服务的最终实现离不开沟通，而有效的沟通离不开金融知识、金融产品理解、营销能力；同时，在金融服务的下层，需要大量的金融技能及动手能力。在具体技能方面，差距较大的技能是企业管理的实践能力、宏观经济的分析能力和财务管理知识和技能，差距较小的是金融知识与技能及外语知识与技能。因此，新文科建设背景下应用型本科高校金融人才能力体系构成及其相应标准见表3.1。

表3.1 新文科建设背景下应用型本科高校金融人才能力体系构成及其相应标准

能力结构			知识结构	标准
职业能力	金融职业判断能力		专门职业知识、职业实践知识	熟悉与金融相关的方针、政策和法规及国际惯例；了解金融学的理论前沿和发展动态。
	金融实践动手能力			能够在金融实践活动中灵活运用所掌握的专业知识。能够对各种国内外的金融信息加以甄别、整理和加工，从而为政府、企业、金融机构等部门解决实际问题提供对策建议。能够运用专业理论知识和现代经济学研究方法，具备一定的科学研究能力
	金融执业能力			能参与战略经营和管理决策，把握行业发展趋势，较好地利用专业知识解决专业问题
	财务决策分析能力			能够综合运用金融财务信息，为投融资管理决策提供意见和建议
普适性能力	方法能力	数字应用、信息处理、自我学习、创新革新	跨职业、跨学科知识	具有宽广的人文、社会科学知识，掌握金融学、企业经营管理、经济学、法学和会计学的基本理论、基本知识；具备较强的自主学习能力、创新能力，能用经济管理知识对一些相关政策和现象做出合理的解释，有创新精神和创新思维，熟练使用计算机从事业务工作；熟练运用现代信息管理技术进行专业文献检索、数据处理、设计模型等
	社会能力	与人交流、与人合作、解决问题、外语应用		具有良好的汉语写作能力；具有一定的口头和书面表达能力、沟通交流能力、组织协调能力、团队合作能力，以及适应金融市场变化所必需的其他能力；具有协调人际关系的能力，有团队合作精神；具有良好的身体素质、心理素质、职业道德、诚信意识和社会责任感；熟练掌握一门外语，具备较强的外语阅读、听、说、写、译的能力

续表

能力结构		知识结构	标准
学术能力	独立研究问题能力	基础科学知识、应用科学知识	能够掌握有效的学习方法，主动进行终身教育和终身学习；能够应用现代科技手段进行自主学习；适应金融理论和实践快速发展的客观情况，与时俱进
	数学与逻辑能力		掌握文献检索、资料查询的基本方法，具有一定的调查研究和科研的能力，熟练使用专业数据库从事专业论文以及研究报告写作等
	自主创新与洞察力		掌握金融学的基本理论和方法，既要有创新意识，也要有创新能力和创业能力。能够学以致用，创造性地解决实际金融问题。具有专业敏感性，能够把握发展的趋势，在激烈的市场竞争和国际竞争中敢于创新，善于创新

第二节 金融科技背景下金融人才需求的新趋势

新科技革命，特别是人工智能、大数据分析以及区块链等前沿技术的迅猛进步，正在以前所未有的方式深刻重塑和革新金融行业的整体架构与运作模式。这些技术的应用为金融机构带来了更高效的运营方式、创新的金融产品和服务、更精准的风险管理手段，同时也促进了金融市场的全球化和数字化转型。随着技术持续进步与创新，信息技术在金融领域的深度应用与革新将继续引领金融行业向数字化、智能化、创新化的高阶阶段迈进。德勤（Deloitte，2023）以商业银行为例，通过对10家境内大型商业银行的年报数据进行分析，发现金融科技投入占营业收入的平均比例超过3.5%，平均增速约为11%（表3.2）。德勤的研究表明，我国人工智能与金融技术能力不断翻新，其根据市场参与情况将产业链分为上游的基础层、中游的技术层和下游的应用层。上游以区块链、云计算、大数据、综合技术等厂商为主，为行业建设提供基础性支持；中游以提供人工智能算法、机器学习、生物特征识别、知识图谱等核心技术和解决方案的各类技术公司为主；下游广泛应用于金融业务领域，包括智能营销、智能识别、智能投顾、智能风控、智能客服等方面的应用不断丰富。

表3.2 境内10家大型商业银行金融科技投入金额及重点投入方向

银行名称	金融科技投入金额（亿元）2021年	2022年	增长率	重点投入方向
中国工商银行	259.88	262.24	0.9%	数据中台分层体系、"融安e"系列风控系统建设
中国建设银行	235.75	232.90	−1.2%	智能问答、实时检查授信、限额、反洗钱、黑白名单等
中国农业银行	205.32	232.11	13.0%	数字身份认证服务、线上支付、信贷风控等
中国银行	186.18	215.41	15.7%	数字资产运营中心、"绿洲工程"数字化基建项目落地
招商银行	132.91	141.68	6.6%	智能化应用在智能客服、流程智能化、语音质检、海螺RPA、智能风控平台"天秤"等多个场景落地
交通银行	87.50	116.31	32.9%	推动业务操作自动化、压降手工环节、提升业务处理质效
中国邮政储蓄银行	100.30	106.52	6.2%	试点应用"云柜"作业模式、构建风险智能监控预警体系
中信银行	75.37	87.49	16.1%	整合AI智能辅助技术应用、构建覆盖全面客户的画像标签
兴业银行	63.64	82.51	29.7%	推广流程机器人、启用集团智能风控系统
平安银行	73.83	69.29	−6.1%	智能渠道实现业务场景全覆盖

资料来源：德勤（Deloitte）的研究报告：《金融AI赋能传统金融机构的应用与展望》（2023）

新科技革命不仅提升了金融行业的竞争力和服务水平，还带来了新的挑战和风险，其影响必将深远而广泛，这凸显了应用型本科高校金融人才培养变革的重要性，需要注重培养学生的技术技能、实践能力和创新思维等，以适应金融行业的发展需求和未来的发展变化及挑战。刘勇等（2020）的研究表明，在新技术革命背景下，企业在选用金融科技人才时，主要考虑个人的综合素质和操作技能，这两项标准占比约32%和27%，其次分别是理论知识（19%）、是否有实习经验（14%）以及职业资格证书（8%）等，这与传统的偏爱扎实的金融理论知识形成较大的差别。新科技革命对金融行业的影响深远而广泛，它不仅改变了金融机构的业务模式和运营方式，还重新定义了金融人才的需求和培养方向。

一、金融科技发展带动了金融机构的数字化转型，引发对金融人才数字化技能需求的增加

金融科技作为信息技术与金融行业融合的结晶，其应用范围广泛，覆盖了从支付、借贷、投资到风险管理等多个金融服务的核心领域。通过创新的技术手段，如大数据分析、人工智能、区块链等，金融科技企业提供了更便捷、高效的金融服务，如移动支付、线上借贷与众筹、智能投顾等产品和服务。在数字化转型方面，金融机构越来越多地采用数字化技术，包括人工智能、大数据分析、区块链等，来优化业务流程、提高效率、降低成本，提供更好的金融服务。同时，数字化银行服务，如网上银行和移动银行等，不仅为客户提供了更为便捷、高效的金融服务渠道，还深刻改变了人们的支付习惯和消费行为。

随着金融行业全面迈向数字化转型，对于金融人才在数字化技能方面的需求也日益凸显。"人瑞人才"联合德勤中国、社会科学文献出版社发布的《产业数字人才研究与发展报告（2023）》指出，当前在各行各业的数字化进程中，对数字化人才的需求迅速增长，汽车、金融等11个行业总体缺口在2 500万人至3 000万人之间，且缺口仍在持续扩大，并且既掌握金

融知识，也能结合业务场景的复合型、交叉型专业人才尤为短缺，大部分金融机构的数字化金融人才占比不足5%。这就需要应用型本科高校所培养出来的金融人才具备数据分析、人工智能、区块链等新技术的应用能力，以应对日益复杂的金融市场和业务环境。

二、金融科技发展带动了金融机构智能合约与金融服务创新，引发对金融人才创新思维和敏捷性重要性的提升

新科技革命中的区块链技术，以其分布式账本的特性，为金融行业注入了划时代的革新力量。其去中心化、不可篡改、透明的特性，使得其被应用于数字资产发行、交易结算、跨境支付等领域，如比特币、以太坊等数字货币的发行与交易，以及供应链金融、跨境汇款等业务的改革。区块链技术中的智能合约特性显著推动了金融交易向智能化和自动化的方向迈进。智能合约可以在无第三方介入的情况下执行合约条款，实现交易的自动化和去中介化，为金融服务提供了更高效、透明的解决方案，如贷款、保险、交易结算等。

这些智能合约与金融服务创新使得应用型本科高校所培养出来的金融人才需要具备创新思维、技术能力以及对市场变化掌控的敏捷性，能够快速适应新技术和新模式的变化，参与新产品的设计、开发和推广，不断推动金融机构的创新和发展。

三、金融科技发展提升了金融机构的风险控制要求，引发对金融人才风险管理和合规能力的提升

新科技的应用在带来便利的同时，也给金融领域带来了新的风险和挑战，如网络安全风险、数据隐私问题等。金融机构能够充分运用信息技术中的大数据分析技术，对海量的数据进行深度挖掘和精准分析，进而显著提升风险管理的效率和水平。通过数据分析，金融机构可以更准确地评估客户信用、预测市场波动、优化投资组合，降低风险并提高收益。

在面对新科技的应用所带来新的风险和挑战时，也使得应用型本科高校所培养出来的金融人才需要具备对数字化风险的识别、评估和管理能力，同时要熟悉金融监管政策和合规要求，确保金融机构的稳健运营。

四、金融科技发展使金融机构给客户提供更多的个性化金融服务成为可能，引发对金融人才客户体验和服务意识的强化

基于大数据分析和先进的人工智能技术，金融机构能够为客户提供更为个性化且精准的金融服务。比如金融机构可以通过对客户行为和需求的深入洞察，为客户量身定制金融产品和服务，这样客户的满意度和忠诚度就可以得到提升。在客户体验方面，科技革命改变了客户的行为和期望，他们更倾向于运用在线和移动方式进行金融交易和服务。

新科技改变了客户的行为和期望，这也使得应用型本科高校所培养出来的金融人才需要注重客户体验和服务意识，了解客户需求，能够利用科技手段提升客户体验，提供个性化、便捷化的金融解决方案，提升客户的满意度和忠诚度。

五、金融科技发展加速了金融与科技、互联网等行业的融合，引发对金融人才持续学习和适应能力的提升

新科技革命加速了金融与科技、互联网等行业的融合，形成了新的商业模式和合作方式，拓展了跨界合作的宽度和广度。金融人才需要具备跨界合作和沟通能力，能够与技术人员、创业者等合作，推动金融创新和发展。

新科技的快速发展意味着金融人才需要不断学习和更新知识，保持与时俱进，适应科技的变化和金融行业的发展趋势。金融人才的核心素养已逐渐转向持续学习和适应能力，同时，对于跨学科学习能力的需求也显著增长。新科技革命带来了金融与科技、数据科学、信息安全等领域的融合，金融人才需要具备跨学科的能力，能够理解和应用多个领域的知识，以解决复杂的金融问题。

第三节　金融科技时代金融人才的能力要求

通过分析新科技革命冲击下市场需求的变化以及应用型本科高校金融人才培养存在的问题，构建出适应市场需求的金融人才能力体系，从以教学内容创新和课程体系改革为抓手、以实践条件建设为基础、以创新创业为引领等方面提出新科技革命冲击下金融人才能力实现的保障机制。

传统教育重视学生的专业知识掌握，禁锢了学生创造力的展示。现代教育强调个性化教育，突出以学生为中心，为学生提供金融创新平台、学术交流平台，活跃学生创新意识，提高学生创新素养和创业能力。

以互联网、云计算、人工智能等为代表的新技术革命，导致金融学科的边界、研究范式不断被打破和被重构，科技在不断地渗透到金融的每个"细胞"，改变着传统金融业务的基因。为此，在新的经济与金融发展形势下，社会对金融人才知识、能力和素质等的要求也发生着变化。

一、新科技革命冲击下金融人才对应的知识要求

（一）工具性知识

新科技革命冲击是全球化的，技术内涵都以世界通用语言来呈现，因此必须至少熟练掌握一门外语，具备较好的外语阅读、听、说、写、译能力；熟练使用计算机从事金融相关业务；能熟练运用现代信息管理技术进行专业文献检索、数据处理等。

（二）专业知识

牢固掌握本专业基础知识、基本理论与基本技能。既要掌握经济学、管理学的基本原理，也要充分了解金融理论前沿和实践发展现状，熟悉金融活动的基本流程。

在新科技革命的冲击下，特别要求金融学类专业学生充分了解互联网、云计算、人工智能、数据挖掘、区块链等新业态的理论前沿、实践发

展现状及其基本流程，结合金融学类专业基础知识、基本理论与基本技能解决金融相关问题。

（三）其他相关领域的知识

鉴于新科技革命冲击对整体宏观经济的影响，金融人才还应当了解其他相关领域的知识，形成兼具人文社会科学、自然科学、工程与技术科学的均衡知识结构。

二、新科技革命冲击下金融人才培养的基本目标要求

国家标准的金融学类本科专业人才培养的基本目标为：热爱祖国和维护社会主义制度；遵纪守法，具备健全人格与心理素质；具备创新意识和合作精神；系统掌握金融专业知识和相关技能；能够满足金融机构、政府部门和企事业单位用人的一般要求，或者能够在国内外教育科研机构继续攻读更高学位的合格后备人才。

在满足基本培养目标的同时，各高校还应结合学校特色和社会需求，对实际开设的专业制定相应的培养目标。综合性大学应当充分发挥学科优势，以培养厚基础、宽口径、复合型、国际化人才为主要目标。财经类院校应注重专业技能训练，地方院校应紧密结合当地经济和金融发展的实际情况，以培养社会急需的应用型金融人才为主要目标。

三、新科技革命冲击下金融人才的能力要求

（一）获取知识的能力

能够掌握有效的学习方法，主动进行终身教育和终身学习；能够应用现代科技手段进行自主学习；适应金融理论和实践快速发展的客观情况，与时俱进。

在新科技革命对金融形成巨大冲击的背景下，要主动获取金融科技的实质并解决实际问题：金融科技的智能化产品服务于长尾客户，本质上具有普惠性，因此，金融人才要能够掌握有效的学习方法，主动进行终身教

育和终身学习，形成完善的知识体系，同时积极运用这套知识体系和现代经济学研究方法去解决实际问题。

（二）实践应用能力

能够在金融实践活动中灵活运用所掌握的专业知识。能够对各种国内外的金融信息加以甄别、整理和加工，从而为政府、企业、金融机构等部门解决实际问题提供对策建议。能够运用专业理论知识和现代经济学研究方法，具备一定的科学研究能力。

金融科技公司之所以能推动普惠金融发展，最重要的一点是注重客户的消费体验。因此，金融学类专业学生应当具备用户至上的实践应用能力，能够在金融实践活动中灵活运用所掌握的专业知识：一方面应继续利用大数据平台适配客户个性化需求，为其量身定制理财产品；另一方面应从用户的角度出发思考问题，提供舒适的产品体验。随着金融科技的发展，金融服务不断改造升级，金融产品层出不穷，需要从业人员通过营销展示宣传独特卖点，通过营销实现资源变现，抢占更多市场份额。

（三）创新创业能力

既要有创新意识，也要有创新能力和创业能力。能够学以致用，创造性地解决实际金融问题。具有专业敏感性，能够把握金融发展的趋势，在激烈的市场竞争和国际竞争中敢于创新，善于创新。

新科技革命给金融业带来的变化主要体现在金融业务流程、金融产品、金融模式三方面创新上。新科技革命需要更多的创新型人才，金融从业者既要有创新意识，也要有创新能力和创业能力；有敏锐的市场嗅觉，捕捉时下金融热点，充分利用当下政策红利，预测并争取引领未来行业趋势；开发新技术、开辟新理念并运用到金融领域，从而推动金融业务智能化进程，进一步满足消费者需求，提升自己的竞争优势。

（四）其他能力

具有良好的汉语写作能力；具有一定的口头和书面表达能力、沟通交流能力、组织协调能力、团队合作能力，以及适应金融市场变化所必需的其他能力。

在新科技革命对金融形成巨大冲击的背景下，需要金融从业者有良好的心理素质与抗压能力：保持积极向上的心态，不滋生阴暗心理，不自暴自弃，时刻谨记市场规范与法律法规，不从事违法犯罪活动；有良好的沟通表达与协调合作能力：社会是由人构成的，尤其是在网络时代，人与人的连接更为紧密，良好的人际关系是人类发展的推动器，优质的社交圈子能给人们带来更广阔的发展空间，通过协调共同进步，通过合作达成共赢。

这些能力要求与表3.1所要求的本质是一致的。也就是说在新的经济与金融发展形势下，为了紧随金融机构日新月异的变化步伐，关键是突出本科金融人才的核心能力培养，这些能力可具体到表3.1所体现的三种能力：职业能力、普适性能力和学术能力。

四、新科技革命冲击下金融人才的知识综合体构成

在新科技革命的背景下，应用型金融人才需要具备一系列的知识和能力以适应不断变化的金融环境和技术进步的要求。这些知识和能力包括扎实的金融专业知识和跨学科知识、良好的技术能力、较好的数据分析和风险控制能力以及良好的团队合作与适应能力等，它们相互影响，形成一个知识与能力综合体，具体见图3.1。

第一，扎实的金融专业知识和跨学科知识。

在新科技革命的背景下，应用型金融人才既要具备扎实的金融学专业知识，还需要具备跨学科的知识，如计算机科学、数据科学、数学等，能够将金融理论与科技、管理、法律等领域相结合，以更好地了解新技术在金融领域的作用，提供综合性的解决方案。2023年的中央金融工作会议提出了"要做好科技金融、绿色金融、普惠金融、养老金融、数字金融五篇大文章"。这一趋势表明金融业正在与其他多个实体行业和领域深度融合，从而要求金融人才构建更加复合的跨学科的知识体系。

第二，较强的技术技能。

在新科技革命的背景下，应用型金融人才需要具备较强的技术技能，包括但不限于数据分析、编程、人工智能等方面的技能。应用型金融人才需要具备对新科技的敏感性和学习能力，能够理解和运用金融科技工具，如区块链、人工智能、大数据分析等，以提高处理金融业务的效率。根据德勒（2023）的调查结果显示，80%以上的金融机构认为技术能力是应届毕业生最重要的素质之一。

第三，较强的创新意识。

面对新技术和新业务模式的不断涌现，应用型金融人才需要具备创新意识和实践能力，能够主动探索新的商业模式和服务方式，为金融机构带来竞争优势。在新科技革命的背景下，应用型金融人才需要具备创新能力，能够在不断变化的市场环境中快速适应和创新。麦肯锡（2022）的调查显示，超过70%的金融机构认为创新能力是应用型金融人才的重要特征之一，是金融行业人才评价中的重要指标之一。

第四，较强的实践实操技能。

在新科技革命的背景下，金融从业人员需要不断磨砺金融技能与实践能力，以应对不断变化的金融业务挑战，因此深化学生的实践体验和实操技能培养显得尤为关键。应用型金融人才必须能够在金融实践中灵活运用其专业知识，并具备对新科技革命带来的金融信息进行精准甄别、系统整理及深度加工的能力。他们应当能够为政府、企业、金融机构等部门提供切实可行的对策建议（刘茂平，2022），以应对并解决各类复杂且实际的金融问题。

第五，较好的数据分析和风险控制意识。

随着大数据技术的发展，应用型金融人才需要具备处理和分析大规模数据的能力，能够从海量数据中提炼出有价值的信息，支持金融决策和风险管理。并且伴随着金融科技的发展，金融市场风险呈现多样化和复杂化趋势，应用型金融人才需要具备全面的风险管理技能。

第六，良好的团队合作精神。

在金融科技领域，当前对人才的需求最为注重的是学生的团队协作精神和快速适应能力（王伟，2021）。在新科技革命的背景下，金融业务往往需要跨部门和跨行业的合作，应用型金融人才需要具备良好的沟通能力和团队合作精神，能够与不同领域的专业人士协作，共同完成复杂的项目任务。鉴于金融科技领域的迅猛发展及其多变特性，应用型金融人才需展现出持续学习与快速适应的能力，确保能够紧跟技术革新的步伐，迅速掌握新技术与知识，从而保持行业竞争力，不断积累并提升个人的持续学习与适应能力。

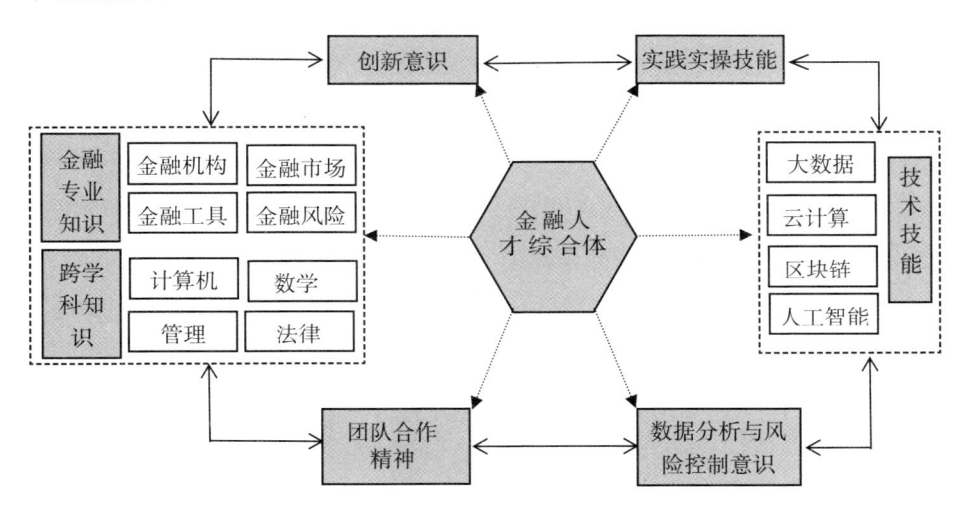

图3.1 金融科技背景下金融人才知识综合体构成

第四节 本章小结

新文科建设背景下对金融人才的培养与金融科技时代对金融人才的培养本质是一致的，都对金融人才培养提出了新的要求。在分析了目前金融人才能力体系构成及其可能存在问题的基础上，认为新文科背景下应以培养复合型金融人才为目标，其能力体系至少应该包含职业能力、普适性能力和学术能力，提出注重市场需求的人才培养方案和相应课程体系、强化交叉模块式课程建设以及产学共育教学模式等。

以研究社会需求的能力体系为目标，拟从以教学内容创新和课程体系改革为抓手、以实践条件建设为基础、以创新创业为引领等方面给出相应的对策建议，提出新科技革命冲击下金融专业人才能力实现的保障机制，实现实践与理论教学融合、人才培养与师资培养同步、高校人才培养与企业发展合作共赢的目标，以提高人才培养质量，创新人才培养机制。

第四章　金融科技时代应用型金融人才培养方案修订调研[①]

第一节　调研的基本情况

一、调研目的

党的二十大报告提出："以中国式现代化推进中华民族伟大复兴。"金融现代化是中国式现代化的重要内容。金融学专业是一个开放并且发展非常迅速的学科，其内涵和外延随着金融行为的发展而不断变化。随着金融科技时代的到来，金融人才培养的环境和社会对金融人才的需求都在发生着巨大的变化，笔者所在单位——广东技术师范大学在金融人才的教育和培养方面也必须与时俱进，适时变革。

为此，笔者所在单位广东技术师范大学（以下简称"广师大"）财经学院金融系对金融学专业本科人才培养方案进行了全面调研。通过收集意见、资料搜索、分析比较、交流座谈等多种形式，对金融学专业目前培养方案的现状有了较为全面的了解，并针对目前培养方案实施情况、教学效果等方面的问题进行比对、分析，希望在此基础上形成新一轮金融人才培养方案修订工作的思路，抓住培养中的几个重点问题，结合广东地区的经济金融环境及广师大的定位方向，形成广师大财经学院金融系的培养特色。

---

① 本部分内容感谢广东技术师范大学财经学院金融系参与调研的老师。

本书中，笔者重点阐述在这次调研中搜集的相关信息，并对此进行分析以便为金融科技背景下应用型金融人才的培养方案的修订工作提供支撑。

二、调研对象

（一）行业企业、政府、事业单位及研究机构调研对象

为了解金融学本科专业毕业生在行业企业、政府、事业单位与研究机构的就业与发展情况，以及这四类单位对于金融学专业本科毕业生在实际工作中的具体要求，金融系调研小组采用以下两种方法来进行调研。

一是运用大数据爬虫技术。用Python在前程无忧网站上爬到金融招聘数据585条，其中380条有招聘要求。

二是进行问卷调查。从用人单位基本情况与人才需求情况两个维度出发，设计了由13道调研题目所组成的问卷，对25家用人单位展开了问卷调查，其中大型国有企业10家，外资与合资企业3家，民营与私营企业8家，学校与科研单位1家，国家机关3家，共计25家。接受调研用人单位的规模总体来说较大，单位人数在300人以上的有15家，占比为60%。

（二）相关院校调研对象

本次调研主要选取了珠三角地区开设金融学专业的同类院校，主要包括广东财经大学、广东金融学院、华南理工学院、华南师范大学、深圳大学、佛山科学技术学院、东莞理工学院等。

（三）在校生及毕业生校友调研对象

本次的学生调研对象包括广东技术师范大学财经学院金融学专业在校生以及毕业生，参与本次调查的在校学生共有206名，毕业生共有23名。

三、调研方法与实施情况

（1）网络资料搜索。在网上直接下载相关高校金融学专业的人才培养方案。

（2）大数据网络爬虫。通过使用Python爬虫的方式在前程无忧网站上爬金融招聘数据。

（3）问卷星。通过设计问卷、制作问卷星、发放问卷以及回收数据并对数据进行分析，包括大数据爬虫数据分析、用人单位调研数据结果分析、毕业生调研数据结果分析、在校生调研数据结果分析等。

第二节 调研结果分析

一、行业企业调研结果分析

（一）大数据爬虫结果分析

通过Python在前程无忧网站上爬到金融招聘数据585条，其中380条有招聘要求。工作经验超过半数集中在1年经验和经验要求，具体见图4.1。

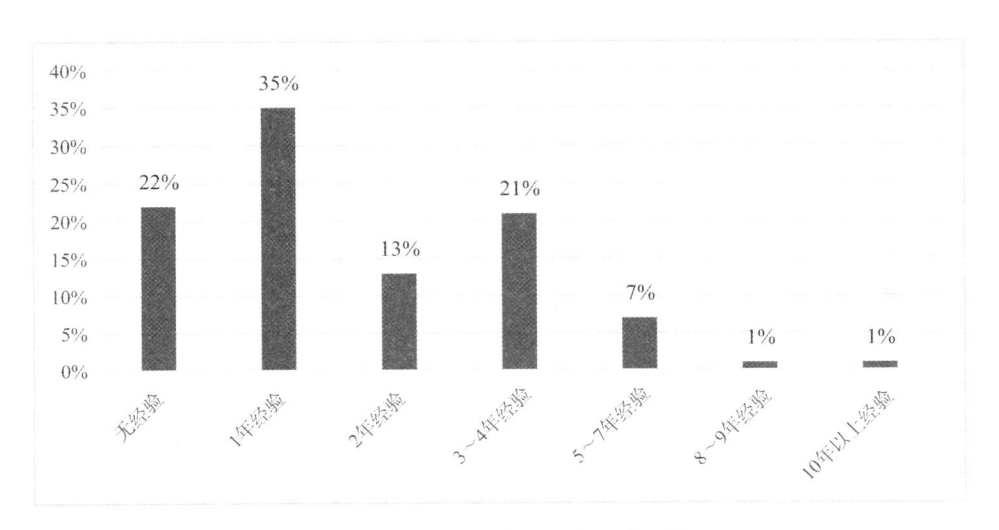

图4.1 金融类招聘的工作经验要求

金融类招聘的企业分布见图4.2。由此可以看出，对于本科金融人才的招聘，从企业性质来看，民营企业占据主要份额，占比为49%，国有企业占比23%。

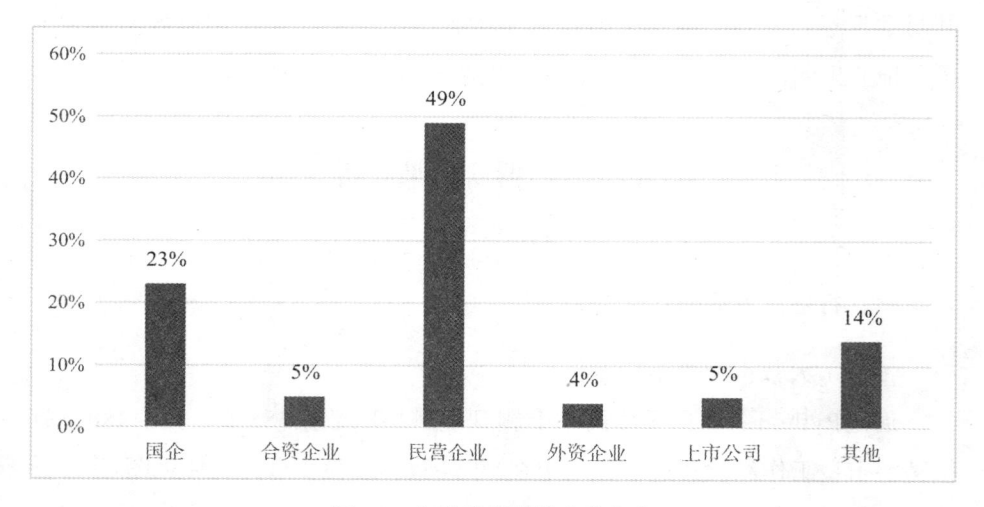

图4.2　金融类招聘的企业分布

企业对应聘人员的能力需求（图4.3）方面：需要沟通能力的金融招聘企业占比处于最高值，达到58%，排名第一；其次是需要良好的销售能力，达到43%；分析能力与合作能力很重要，需要分析能力的金融招聘企业占比达到42%，需要合作能力的金融招聘企业占比达到35%。需要抗压能力的金融招聘企业占比达到18%。驾驶技术不是十分重要，需要驾驶能力的金融招聘企业占比只有3%。

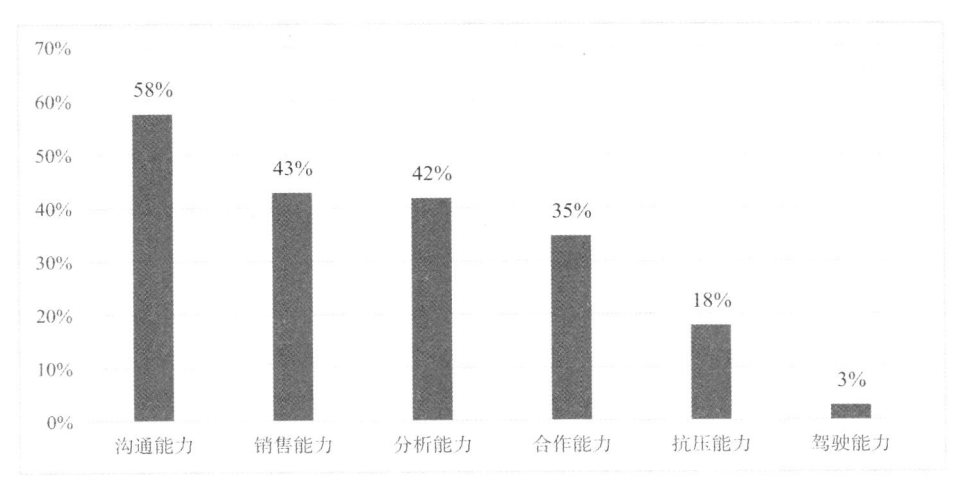

图4.3　企业对应聘人员的能力需求分布

（二）问卷星网络调查结果分析

从招聘方式（图4.4）来看，受调查用人单位主要偏好于采用互联网招聘、校园招聘与内部推荐等方式招聘本科毕业生，占比分别为52%、44%和32%。

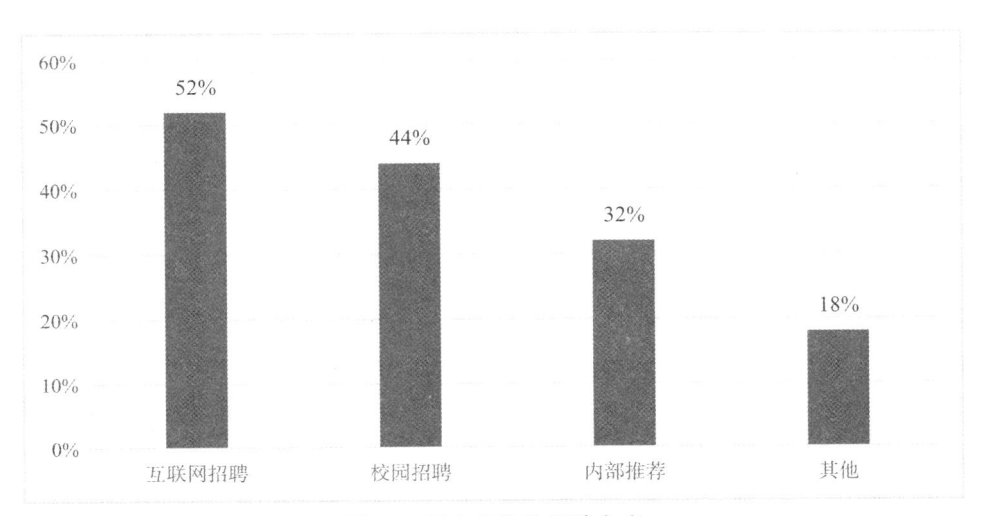

图4.4　用人单位的招聘方式

金融学专业的本科毕业生在进入受调查用人单位后，约有60%会踏上与金融相关的岗位。此外，定岗后的去向主要有财务管理、审计和数据分

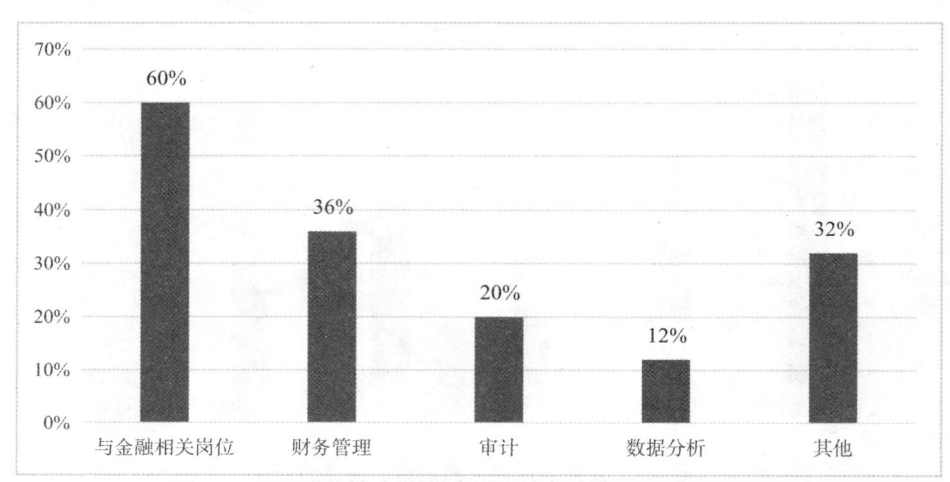

析，占比分别为36%、20%和12%（图4.5）。

图4.5　金融专业毕业生进入受调查用人单位后的就业岗位

从对于金融学专业本科毕业生的职业发展期望来看，大部分的受调查用人单位非常看重毕业生的专业知识素养（占比为84%），认为专业知识能力是关键的职业能力。此外，人际交往与沟通能力、计算机知识与技能、金融理论知识以及学习创新能力也受到用人单位的重视，占比分别为72%、60%、48%和40%（图4.6）。

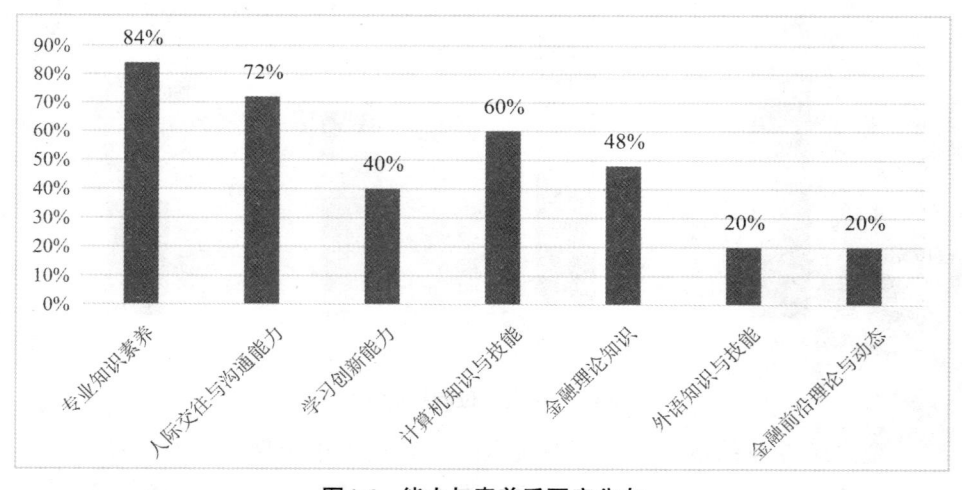

图4.6　能力与素养重要度分布

从专业已开设实训课程与用人单位的需求匹配度来看（图4.7），商业银行业务实训、Python在数据分析中的应用、金融业务实操、金融学专业实习与计量分析软件实操等几门课程的重要性均受到受调查用人单位的认可，选择"很重要"的选项占比均在60%以上。而对于SPSS在金融统计分析中的应用与大商科虚拟仿真综合实训这两门课程，用人单位认可度尚可，选择"很重要"的选项占比为44%。

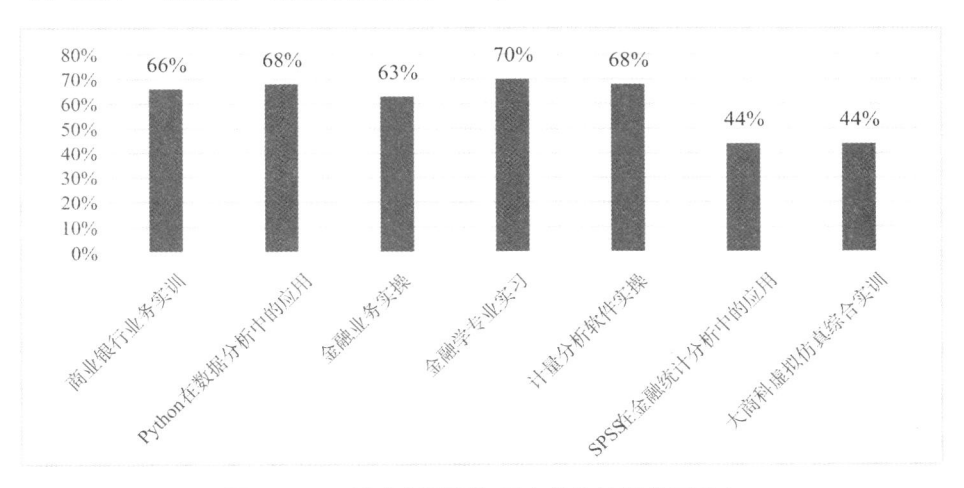

图4.7 已开设实训课程与用人单位的需求匹配度

在用人单位最希望金融学本科专业毕业生突出掌握好哪项金融领域的知识与技能方面，用人单位绝大多数选择的是兼顾银行、保险、证券、期货等至少两方面的知识与技能，不能只会其一，说明金融用人单位的业务越来越复杂，需要毕业生有广泛的知识和较强的学习能力（图4.8）。

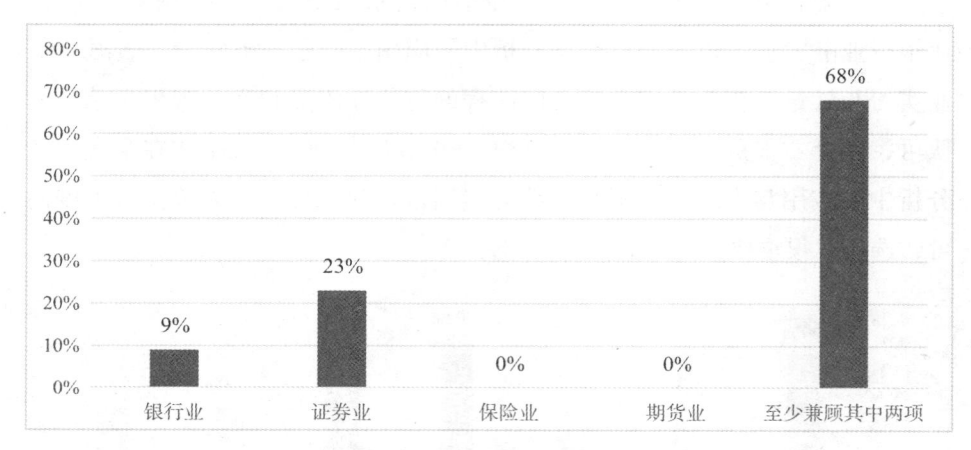

图4.8　金融人才突出掌握的知识与技能情况

值得关注的是，受调查用人单位对于金融学专业本科毕业生在专业证书方面的要求较为宽松，约有40%的受调查用人单位选择不作任何要求，此外排名前三的选择分别为英语证书（36%）、初级会计证书（28%）、银行业专业人员职业资格证书和证券从业证（均为24%）（图4.9）。

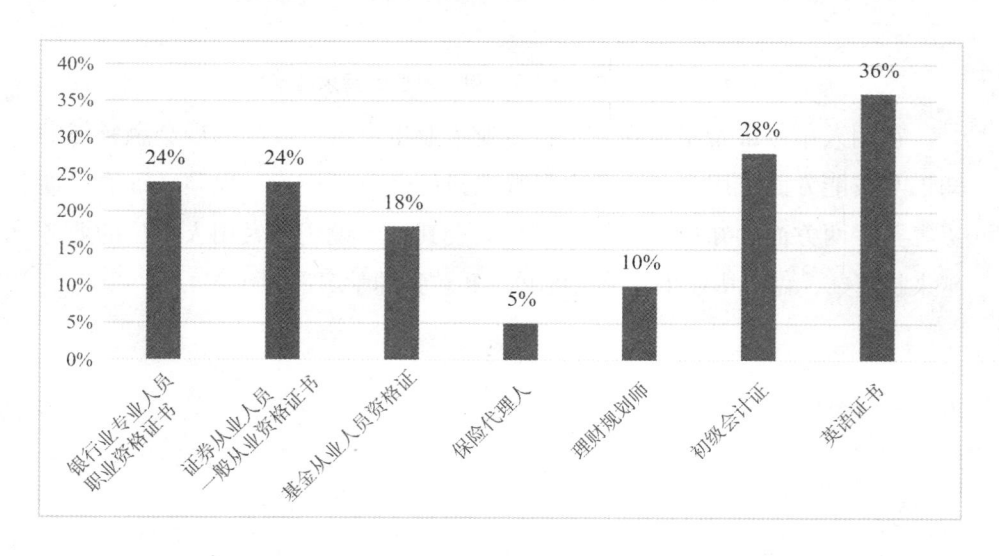

图4.9　金融人才需要证书情况

在人才需求所需素质方面，用人单位认为对金融产品的熟悉程度、金融基础理论、心理素质三项素质最为重要（图4.10），这说明一方面要求教学要接地气，要使毕业生了解实际工作中的金融产品；另一方面用人单位要求学生要有扎实的理论基础，以便进一步学习和理解金融产品。所以在课程建设过程中，理论基础和金融实践不可偏废。

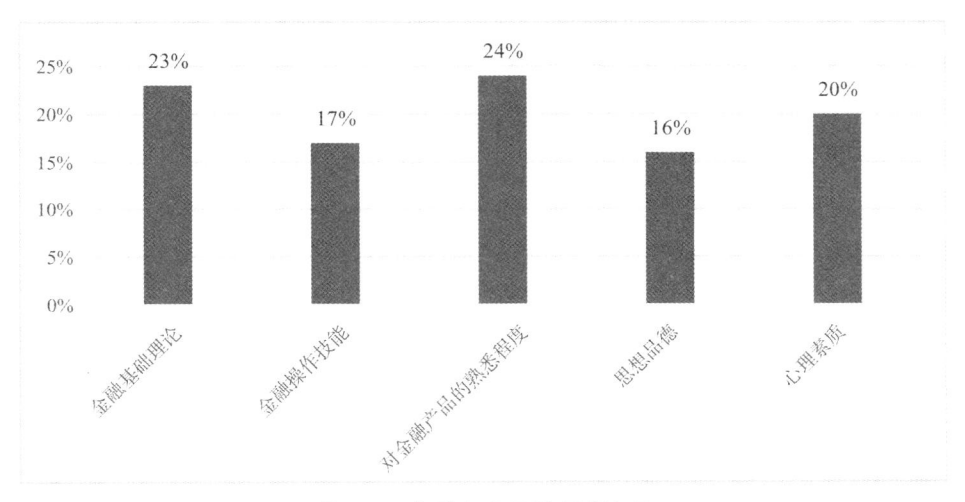

图4.10 金融人才所需素质情况

在能力差距方面，差距最大的前三位是沟通能力、金融技能、营销能力及动手能力（并列）（图4.11），这充分说明了金融服务业的属性，金融服务的最终实现离不开沟通，而有效的沟通离不开金融知识、金融产品理解、营销能力。同时，在金融服务的下层，需要大量的金融技能及动手能力。

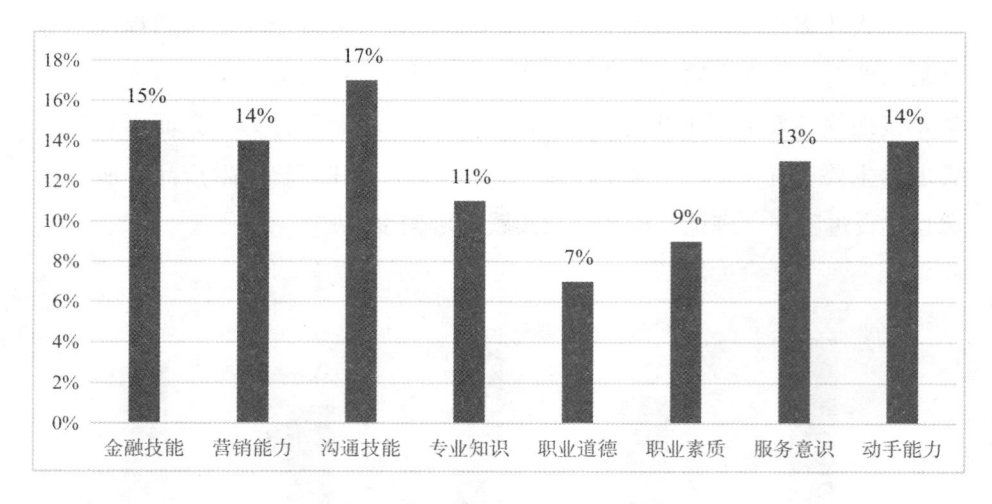

图4.11 金融人才实际差距情况

金融技能 15%、营销能力 14%、沟通技能 17%、专业知识 11%、职业道德 7%、职业素质 9%、服务意识 13%、动手能力 14%

在新入职金融学专业本科毕业生的专业知识、技能与实际工作的匹配程度上（图4.12），受调查用人单位基本认可学生的专业素养，其中计算机知识与技能、沟通交流能力和金融理论知识的受认可度较高，选择"符合需求"的比例分别为60%、52%和48%。与实际工作匹配度较低的专业素养主要为"外语知识与技能"和"金融学科的理论前沿与发展动态"，选择"不太符合需求"的占比均为20%。

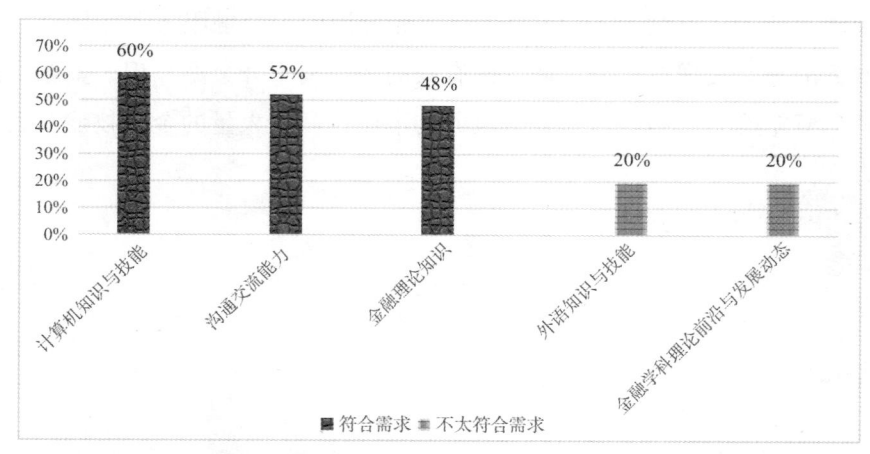

图4.12 新入职金融学专业本科毕业生的专业知识、技能与实际工作的匹配程度

在产教融合方面，受调查用人单位主要希望采用挂牌的实习基地的形式进行产教融合合作，该选项占比为40%。此外，企业合作办班订单培养、长期稳定接收毕业生就业、学校聘用用人单位员工为实习指导教师、校企协同育人项目合作等产教融合模式均受到一定的青睐（占比均为36%）。此外，受调查用人单位提出，当前更期望在金融学专业实习和金融业务实操这两门实践课程上与财经学院和金融系展开联合培养，选择"很重要"选项的占比分别为68%与52%（图4.13）。

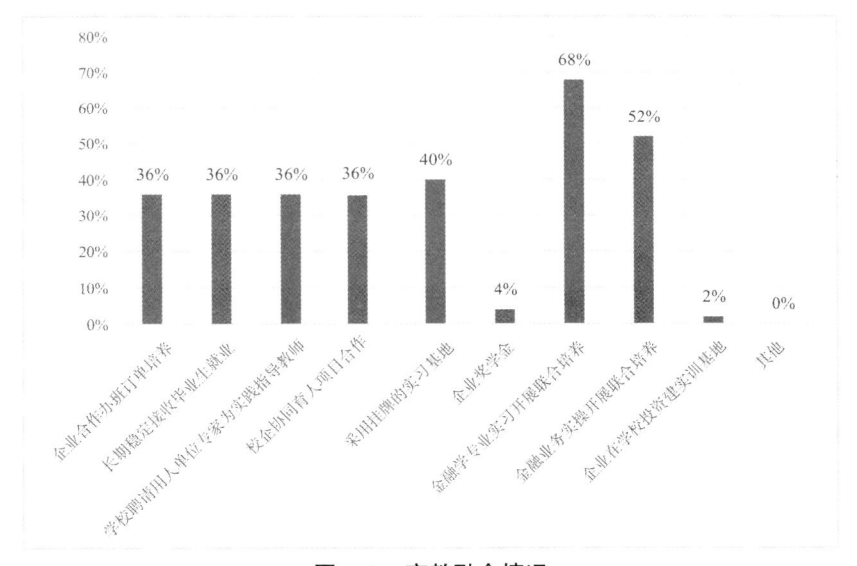

图4.13 产教融合情况

二、相关院校调研结果分析

相关院校调查结果整体显示：大部分高校在金融学专业人才培养上都制定了专业的人才培养方案，并结合社会实际需要对人才培养方案做了及时的调整更新；能从现实的金融发展需求出发，培养理论与实践相结合的应用型金融人才，在具体能力和素质的培养上突出学生的金融营销能力、良好的表达能力、熟练的办公能力及良好的品德等。但随着金融业的发展，市场要求金融从业者具有更高的技能，主要体现为要具有较强的投资研究和数据分析能力。为此，大部分高校在培养金融专业人才上也突出强调这两项能力的培养。同样，随着金融科技的不断发展，金融科技在金融行业的运用得以日益加强，普惠金融得以快速推进，很多高校也与时俱进地拓展了金融学专业的设置，增加了很多与传统金融不一样的专业，比如金融科技、数字金融、移动金融、小微金融、社区金融等。为了增强学生的实践能力，高校也积极与金融企业共建实习基地，共建金融实验室，邀请具有实务经验的金融企业人员来校集中授课，作为学生的校外导师。具体情况如下：

1. 贵校对金融学专业任课教师的培训由谁负责？

结果显示，有59%的学校对金融学专业任课教师的培训主要是由金融学专业负责人来进行，其次是课程专家（图4.14）。

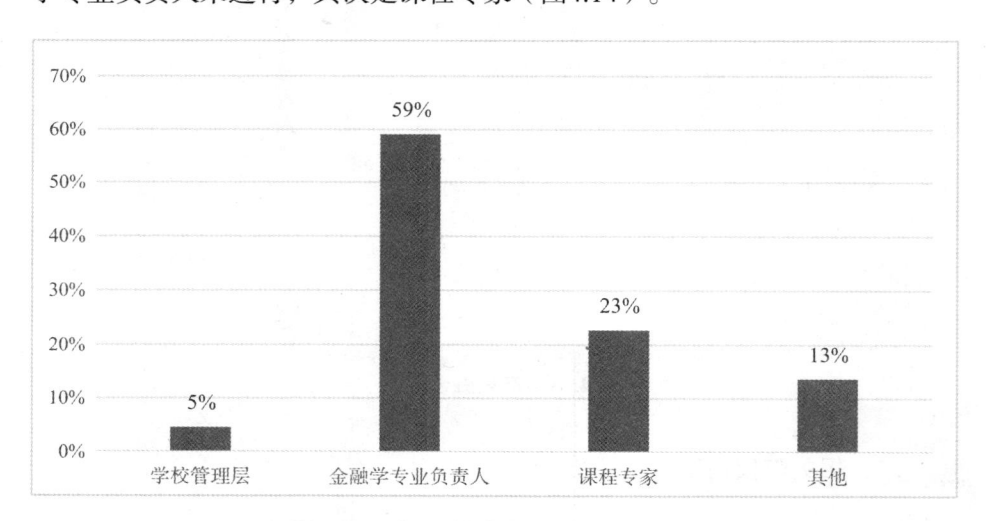

图4.14 对金融学专业任课教师的培训

2. 贵校金融学专业的人才培养方案多长时间调整一次？

结果显示，对人才培养方案每两年调整一次的频率最高，占45%；有也每四年调整一次的，占27%；一年调整一次的也不少，占18%（图4.15）。

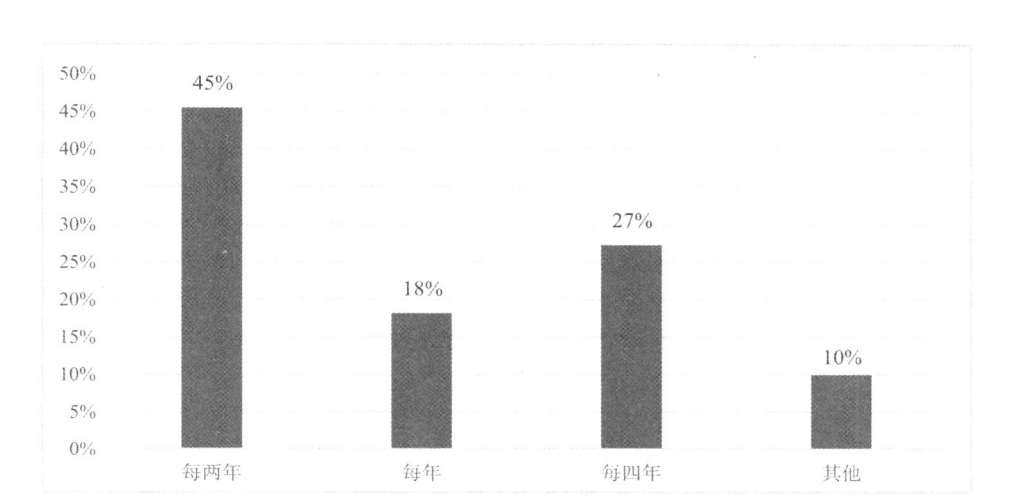

图4.15 人才培养方案调整周期

3. 贵校金融学专业的人才培养方向是什么？

金融学专业的人才培养方向定位为"理论与应用相结合"的最高，占50%；其次就是直接定位为"应用型"，占45%；而没有学校定位为"理论型"（图4.16）。

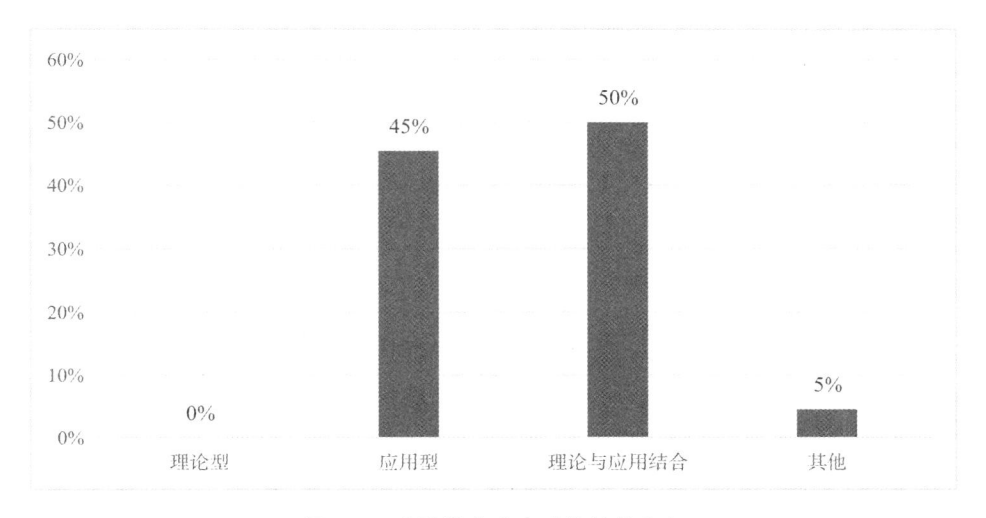

图4.16 金融学专业人才的培养方向

4. 贵校对金融学专业人才的培养的重点是什么？

在对金融学专业人才的培养重点上，金融理财和普通的金融人才的占比都是36%，互联网金融占23%（图4.17）。

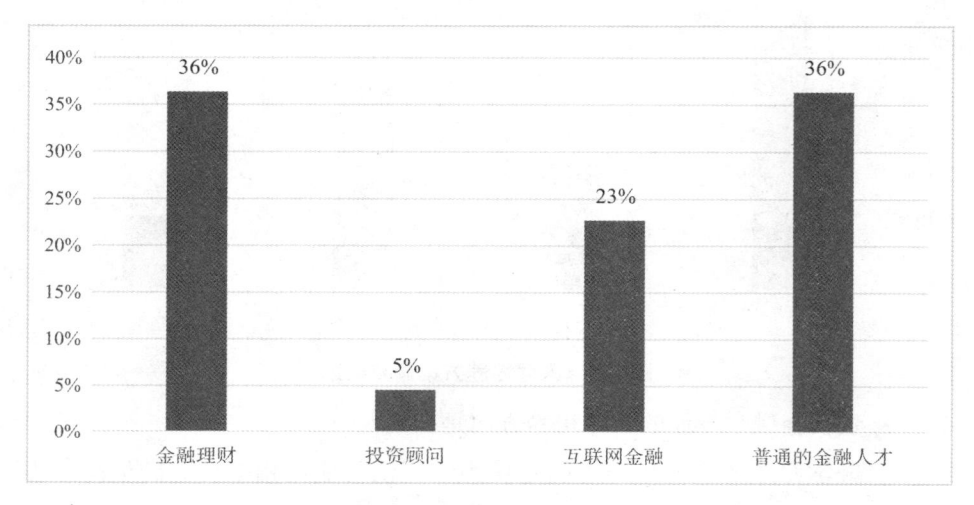

图4.17 金融人才培养的重点

5.（多选题）为了满足金融行业的发展需要，您认为高校金融学专业的毕业生需要具备哪些素质和能力？

结果显示，较好的金融营销能力、诚实守信、良好的沟通和表达能力、良好的英语听说读写能力、熟练使用办公软件的能力、熟练的金融技能等都是值得期待的，占比都超过50%（图4.18）。

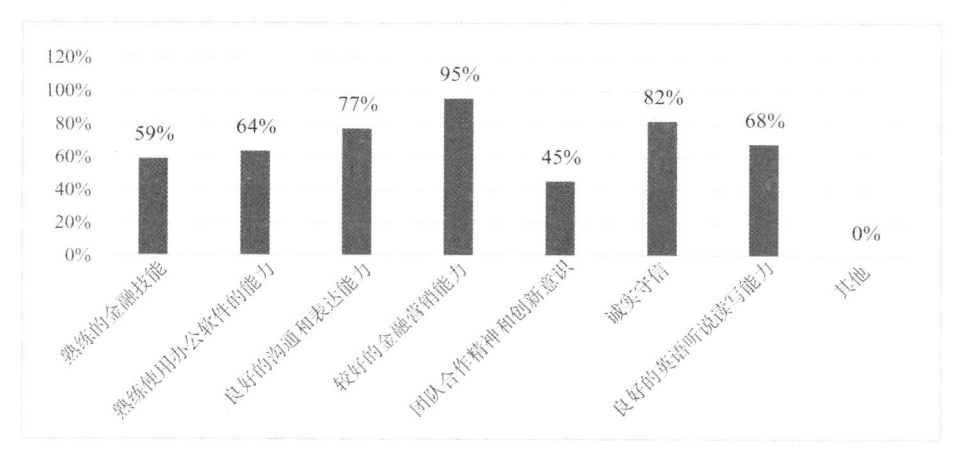

图4.18　金融人才培养能力素质要求

熟练的金融技能 59%
熟练使用办公软件的能力 64%
良好的沟通和表达能力 77%
较好的金融营销能力 95%
团队合作精神和创新意识 45%
诚实守信 82%
良好的英语听说读写能力 68%
其他 0%

6. 贵校对培养金融学专业人才的能力方面重点强调哪种能力？

在对培养金融学专业人才的能力方面重点强调的是投资研究能力（45%）和数据分析能力（41%），而营销能力并不在培养重点上（图4.19）。

营销能力 9%
投资研究能力 45%
数据分析能力 41%
团队合作能力 5%

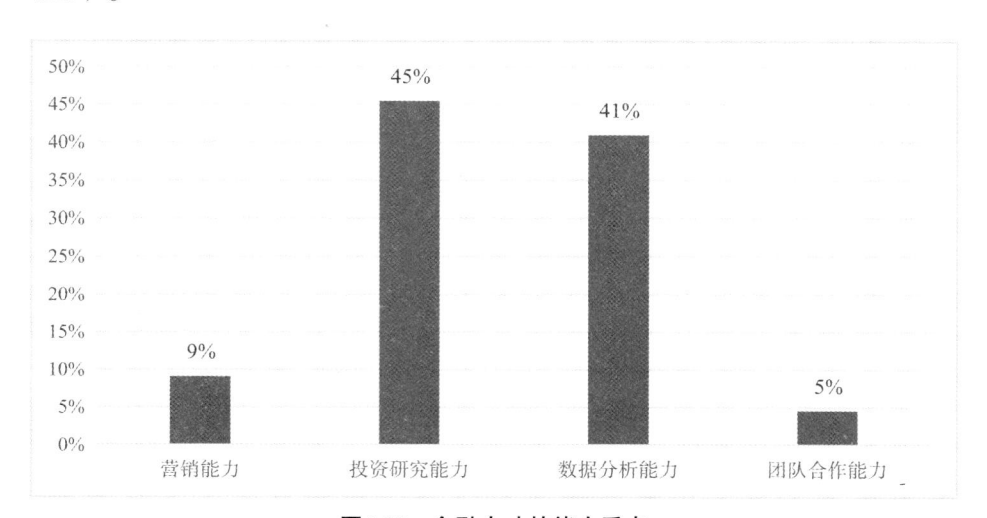

图4.19　金融人才的能力重点

7. 如果需要增加一些高校金融学类的专业，您认为增加哪些专业比较合适？

随着金融科技的发展，数字金融专业成为新增金融学类专业的首选（77%），其次是金融科技（45%）和农村金融（36%）（图4.20）。

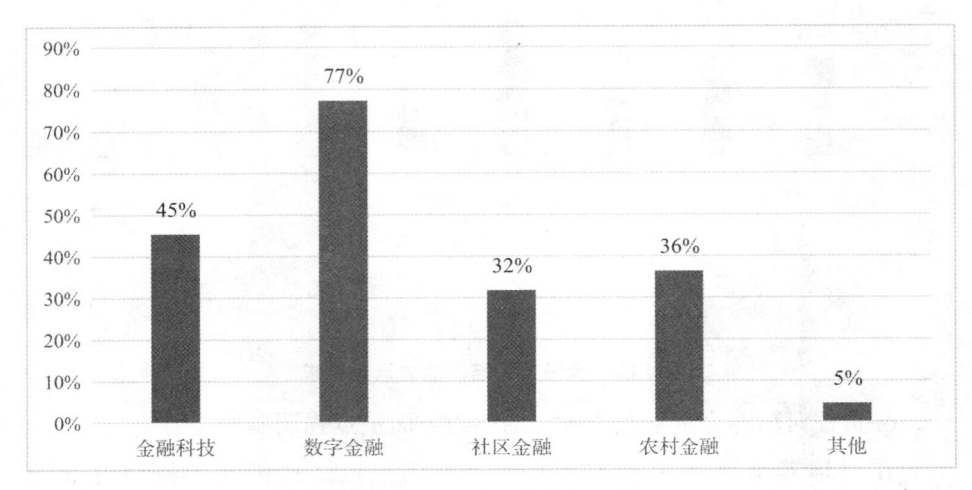

图4.20 新增金融专业设置

8. （多选）您认为未来的一段时间哪些新兴与专业人才需求密切相关的热点会出现在金融行业？

随着金融科技的发展，对金融学类专业未来热点方向的预测上，科技金融最被看好（73%），其次是数字金融（50%）（图4.21）。

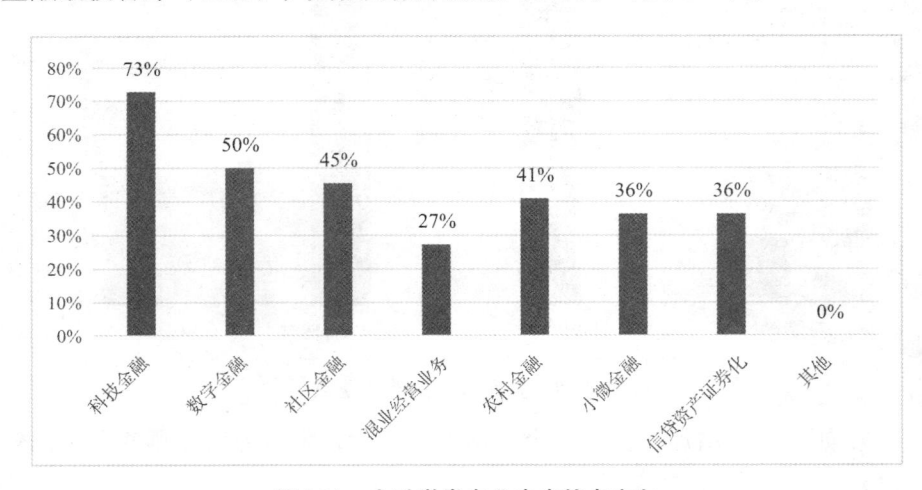

图4.21 金融学类专业未来热点方向

9.（多选）贵校在金融学专业人才培养的实践能力方面，采取了哪些措施？

结果显示，在金融学专业人才培养的实践能力方面，采用校企合作共建实习基地（86%）、邀请企业家到校授课（68%）、与企业共同开发实验课程（55%）是最多的三种形式（图4.22）。

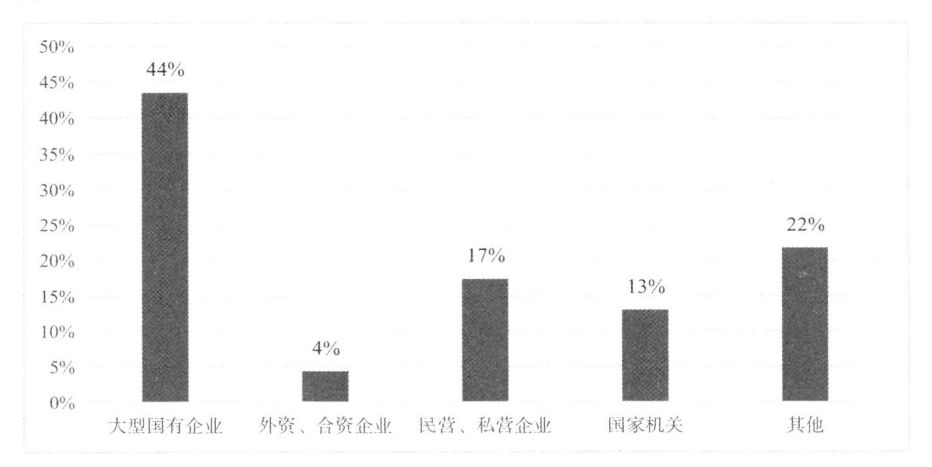

图4.22 金融学类专业实践能力培养

三、广师大毕业生校友调研结果分析

1.您现在的任职单位是什么类型的？

调查结果显示（图4.23），广师大金融学专业本科毕业生就业质量相对较高，44%的毕业生在大型国有企业任职，4%在外资、合资企业任职，17%在民营、私营企业任职，13%在国家机关任职，22%从事其他行业。就业质量数据显示，广师大金融学本科专业的培养方案比较成功，教学质量得到社会认可。

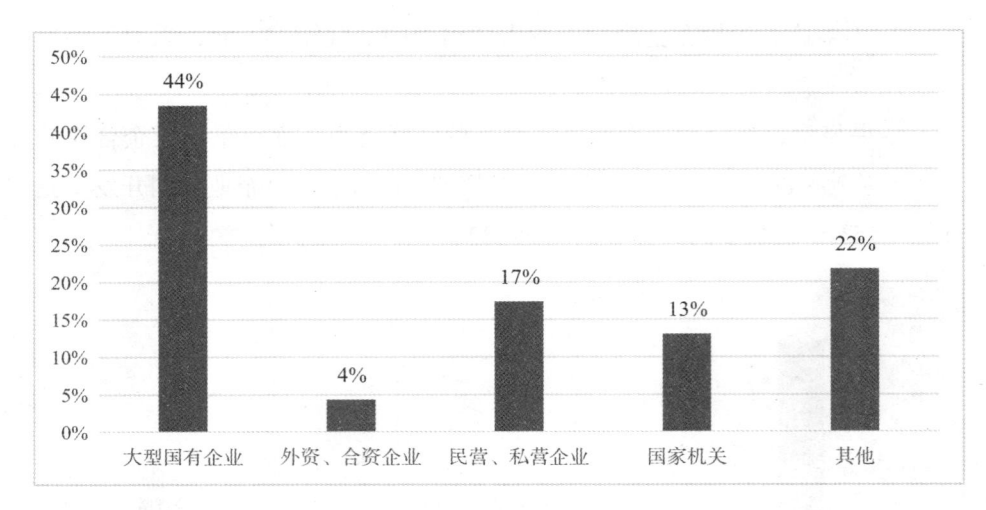

图4.23　毕业生现任职单位类型

2. 您对在校期间学习生活的整体满意度怎样？

调查结果显示（图4.24），对在校期间学习生活的整体满意度，选择一般的占57%，选择满意的占43%，由此可见学生对学校生活表达了一定的消极的态度。但是，学校满意度是一个综合的概念，不能很好反映出培养计划的问题。

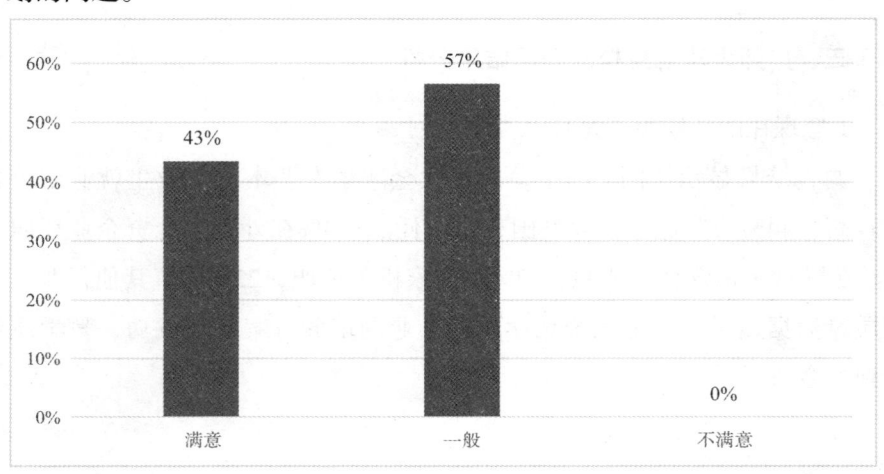

图4.24　对在校期间学习生活的整体满意度

3. 毕业后所从事的工作与所学专业知识的关联程度怎样？

调查结果显示（图4.25），仅有30%的学生认为"专业对口，联系密切"，说明随着社会的进步和科技的发展，学校有必要加强对课程设置进行及时、有效的调整，使学生所学的知识能够更好地适应社会需求。

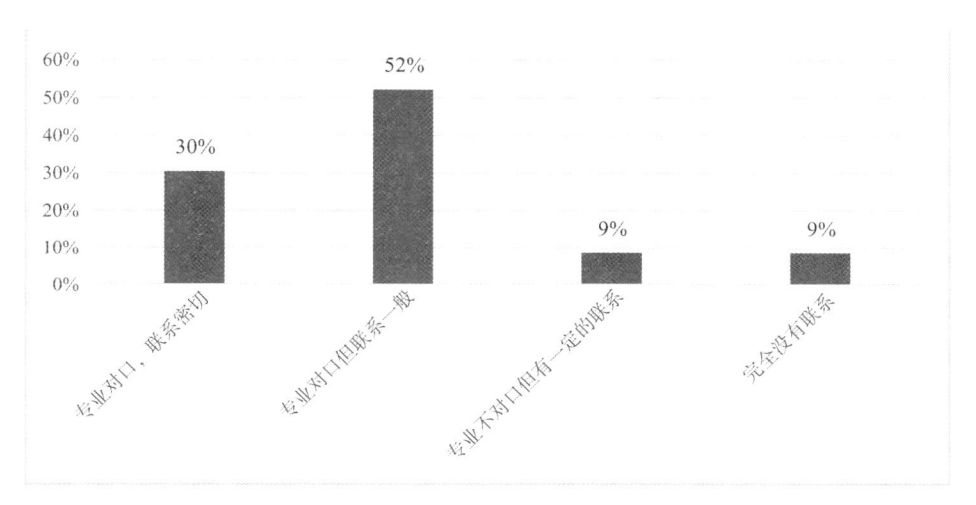

图4.25 毕业后所从事的工作与所学专业知识的关联程度

4. 您认为在校期间学习的哪些能力对个人的职业发展非常重要？

调查结果显示（图4.26），"人际交流与沟通能力"为91%，高居榜首，说明学生的社交能力在工作中是非常重要的，针对这一点可以考虑开设说话的艺术或者沟通的技巧之类的课程。"专业知识能力"次之，"组织管理能力"和"学习创新能力"再次之，以上三点更加表明修订人才培养计划的必要性。

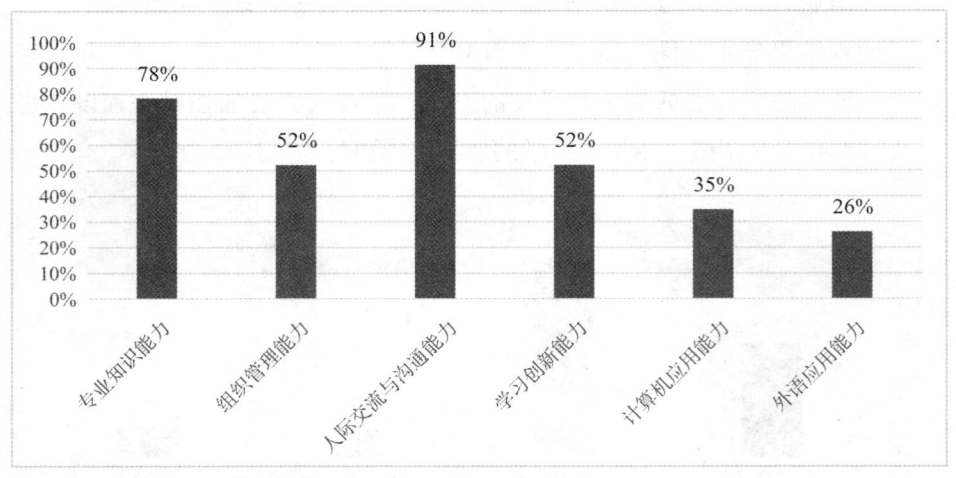

图4.26 职业发展能力的重要性

5. 您认为在校期间参加哪些竞赛对个人的职业发展非常重要？

调查结果显示（图4.27），前三名是财务案例分析大赛、大学生创业大赛和模拟炒股大赛，一定程度上反映出学生相对喜欢实践能力和动手能力强的竞赛。因此，可以考虑开设案例分析类似的课程提升学生的写作能力和思维能力。

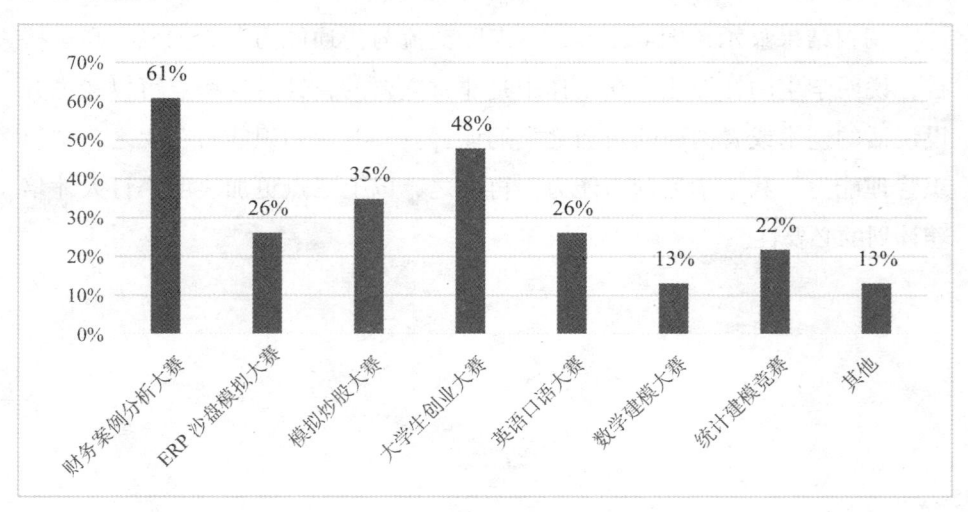

图4.27 竞赛项目的重要性

6. 您认为在校期间获得哪些证书对个人的职业发展非常重要？

调查结果显示（图4.28），除了"期货从业人员资格证书"和"保险从业人员资格证书"所占比例低一些，其他从业证书所占比例相差不多，进一步说明考证的重要性。因此，在上相关课程时，学校教材的选择和知识的教授可以对标此类从业考试。

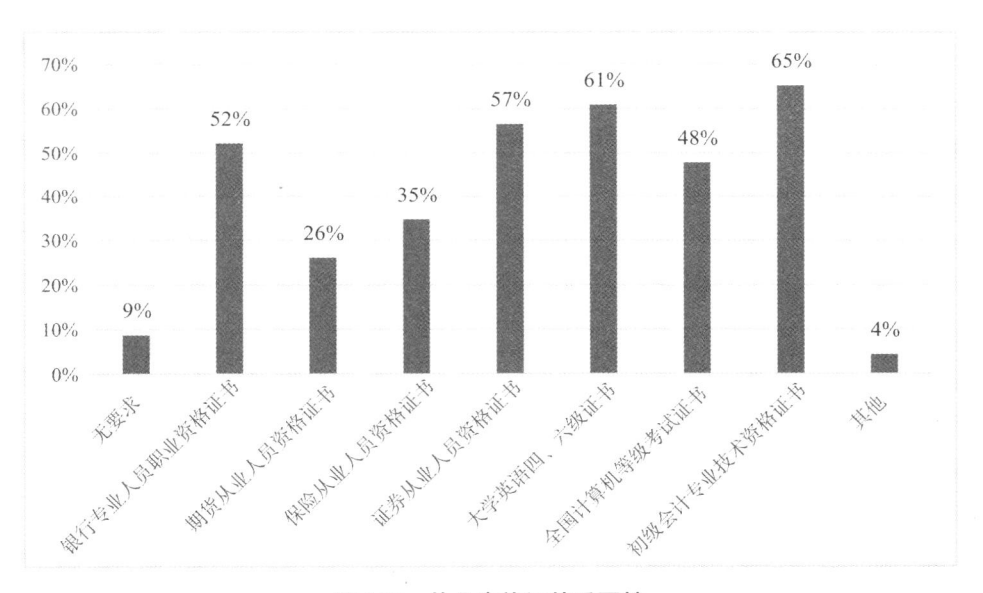

图4.28 从业资格证的重要性

7. 您认为目前本校金融学专业教育与教学存在的不足是什么？

调查结果显示（图4.29），校外实习基地不足和校内实训条件不足是学生认为教育不足的痛点，尽管学校和学院已经不断在加强此方面建设，但实验室和实习基地的持续建设仍然不能松懈。人才培养模式缺乏创新和理论不能联系实际进一步说明社会金融学专业发生较快的变化，学校提出金融学数理化也是对此变化的应对。

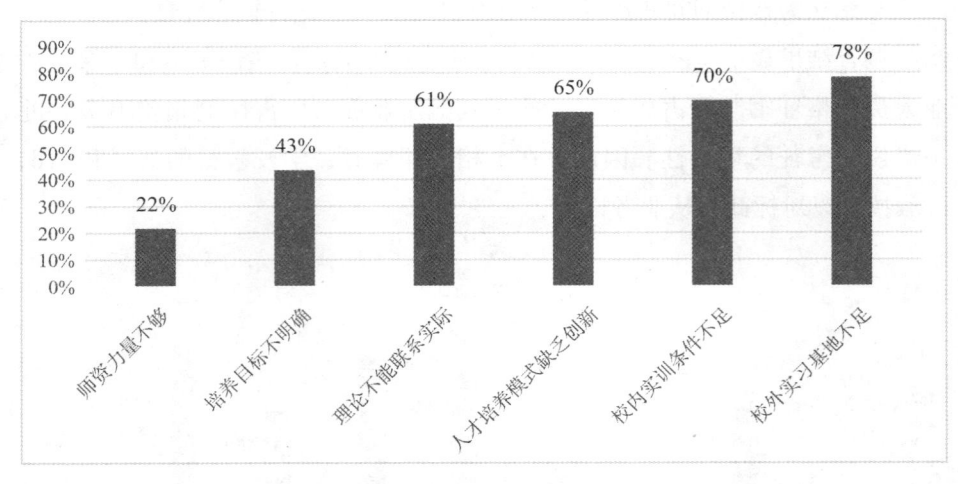

图4.29 教育与教学存在的不足

8. 根据您的学习体验和认识，请评价目前课程设计的合理性。

调查结果显示（图4.30），"课程设置不足，可拓展相关学科范围"所占比例为61%，显著说明人才培养方案修订的紧迫性、必要性。同时也指出学校必须在相关学科范围的发展和实际社会需求的基础上，进一步拓展课程设置的实用性和前瞻性。

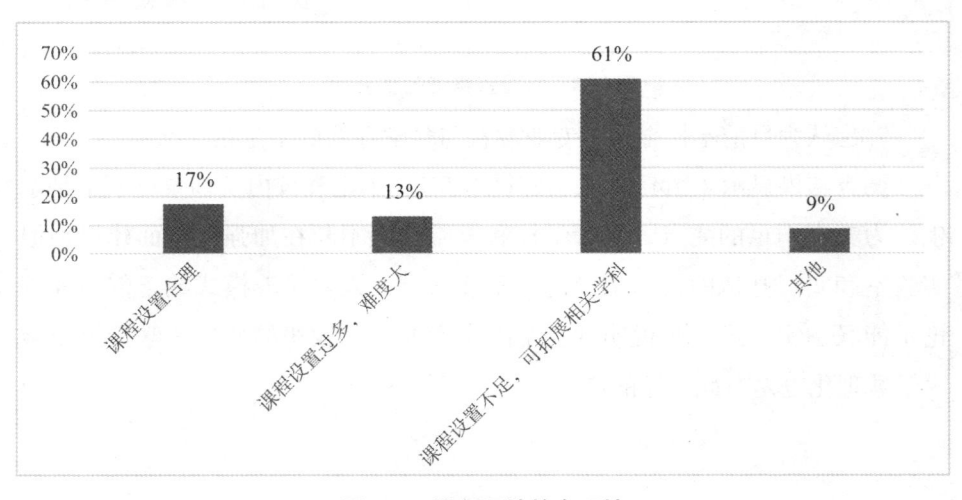

图4.30 课程设计的合理性

9. 根据您在学习中的体会，请评价下列金融学专业教育相关课程的重要程度。

调查结果显示（表4.1），金融学及相关性课程为毕业生认为最重要的课程，这些课程基本上都属于专业核心课程。专业核心课程能得到学生的认可，提升了金融学专业学生的专业本领，帮助学生实现了对口就业，造就了毕业生就业的高质量。

表4.1　金融学专业教育相关课程的重要性

题目\选项	重要	一般	不重要
金融学	21（91.3%）	2（8.7%）	0（0%）
财务报表分析	21（91.3%）	2（8.7%）	0（0%）
会计学基础	19（82.61%）	3（13.04%）	1（4.35%）
金融市场学	18（78.26%）	5（21.74%）	0（0%）
金融企业会计	17（73.91%）	5（21.74%）	1（4.35%）
财务管理	17（73.91%）	5（21.74%）	1（4.35%）
金融风险管理	17（73.91%）	3（13.04%）	3（13.04%）
微观经济学	16（69.57%）	7（30.43%）	0（0%）
证券交易基础	16（69.57%）	6（26.09%）	1（4.35%）
财务会计	16（69.57%）	6（26.09%）	1（4.35%）
宏观经济学（双语）	15（65.22%）	8（34.78%）	0（0%）
证券投资基金管理学	14（60.87%）	8（34.78%）	1（4.35%）
商业银行业务与经营	14（60.87%）	9（39.13%）	0（0%）
互联网金融	13（56.52%）	9（39.13%）	1（4.35%）
统计学	13（56.52%）	10（43.48%）	0（0%）
证券投资技术分析	13（56.52%）	10（43.48%）	0（0%）
国际金融	13（56.52%）	10（43.48%）	0（0%）

续表

题目\选项	重要	一般	不重要
金融理论前沿与热点专题	13（56.52%）	9（39.13%）	1（4.35%）
投资银行学	12（52.17%）	11（47.83%）	0（0%）
证券投资学	12（52.17%）	11（47.83%）	0（0%）
财政学	11（47.83%）	12（52.17%）	0（0%）
会计电算化	11（47.83%）	8（34.78%）	4（17.39%）
国际结算	11（47.83%）	9（39.13%）	3（13.04%）
逻辑学	10（43.48%）	13（56.52%）	0（0%）
创业投资项目分析	10（43.48%）	12（52.17%）	1（4.35%）
概率论与数理统计	10（43.48%）	11（47.83%）	2（8.7%）
金融营销学	10（43.48%）	11（47.83%）	2（8.7%）
金融英语	10（43.48%）	11（47.83%）	2（8.7%）
博弈论	10（43.48%）	13（56.52%）	0（0%）
政治经济学	9（39.13%）	13（56.52%）	1（4.35%）
投资项目评估与管理	9（39.13%）	13（56.52%）	1（4.35%）
公司金融（双语）	9（39.13%）	13（56.52%）	1（4.35%）
保险学	9（39.13%）	12（52.17%）	2（8.7%）
民间金融	8（34.78%）	15（65.22%）	0（0%）
期货投资学	8（34.78%）	14（60.87%）	1（4.35%）
计量经济学	8（34.78%）	13（56.52%）	2（8.7%）
经济学研究方法论	8（34.78%）	14（60.87%）	1（4.35%）
公共经济法	8（34.78%）	14（60.87%）	1（4.35%）
网络营销	6（26.09%）	14（60.87%）	3（13.04%）

续表

题目\选项	重要	一般	不重要
投资学（双语）	5（21.74%）	16（69.57%）	2（8.7%）
金融工程导论	5（21.74%）	15（65.22%）	3（13.04%）
线性代数	3（13.04%）	16（69.57%）	4（17.39%）

10. 根据您的学习体验和认识，请评价下列实训课程的重要程度。

调查结果显示（表4.2），金融学专业实习与金融业务实操分别占86.96%和82.61%，表明与金融行业紧密相关的实习深受毕业生的喜爱。Python在数据分析中的应用和商业银行业务实训也被认为是比较重要的内容。总体来说，实训课程还是得到了学生的认可，需要持续加强。

表4.2　实训课程的重要性

题目\选项	重要	一般	不重要
商业银行业务实训	16（69.57%）	5（21.74%）	2（8.7%）
Python在数据分析中的应用	16（69.57%）	5（21.74%）	2（8.7%）
金融业务实操	19（82.61%）	3（13.04%）	1（4.35%）
SPSS在金融统计分析中的应用	11（47.83%）	9（39.13%）	3（13.04%）
大商科虚拟仿真综合实训	9（39.13%）	13（56.52%）	1（4.35%）
金融学专业实习	20（86.96%）	2（8.7%）	1（4.35%）
计量分析软件实操	15（65.22%）	7（30.43%）	1（4.35%）

11. 您对学校金融学专业的改革发展有什么建议或期望？（如课程增减、授课方式等）

此项调查为自愿性文字表达调查，数据结构的规范性偏弱，调查结果显示（表4.3），学生认为有必要对金融学专业培养计划进行合理的修订，对任课老师提出的期望都契合实际，为学校之后的工作带来了重要的帮助。

表4.3　毕业生的建议或期望

多点实训实操，课本内容结合实际应用
提高实操占比
我作为广师大2008年首届金融学专业毕业生，历经证券公司实习、校园招聘进国有银行，离职后进入互联网大企业，再创业做互联网项目、外贸项目。在这里我从本科毕业生的角度来给母校提一些建议。毕业后，有关学校最大的问题是我校为二本类学校，学校名字就比较低调，知名度不算高，对比广东财经大学、广东金融学院的学生，我们还是挺吃亏的。当时的金融学专业就业方向有证券、保险、银行，大家都比较喜欢证券，所幸当时谢院长一直主推银行方向，我们班1/3的人，也在毕业后的最初几年进了银行业。因为在证券方向上，二本类的我们做不了分析师，一般都只能做销售岗，但那个门槛比较低，专科生也能做，保险更甚，所以，银行对于毫无经验的毕业生来说是比较不错的选择。目前据我所知，我们学校的金融学专业毕业生，除去考公外，去考银行的大部分也只能是二三线城市，一线城市的竞争太激烈，国企类银行应该是要硕士或者名校本科毕业生了。而在面试和入职后的环节，能够真正体现应届生能力的，倒不是对专业的了解（因为几乎都是从零学实操），更为被看重的，一定是思维表达、工作实操和为人处世能力。这些在学校里面如果能开课去教就是最好的了。篇幅有限，只能提点小建议，希望有用，谢谢
师资力量需要加大，实践课程太少，多增加财务、管理类课程实操
可以多点落地实操的训练
课程与社会实践及工作实务接轨
课堂上紧跟时事变化开展专题分析。课程上可以增设一些与全球经贸、证券市场实战相关的内容。
希望开设更系统、实用性更强、更难的课程，提高学生的团队合作能力
多增加一些辩论的形式
希望能注重金融学专业的实用性，如培养学生关于银行、证券的实操技能
希望可以学习更多贴近金融市场现状的东西，多进行更贴近市场现状的金融实践，课本知识太落后了，金融行业的子行业还是有很多的，希望师弟师妹可以在大学开阔视野，多做有效的实践
除去简单的知识介绍，觉得能够看懂并分析经济类新闻很重要

续表

多结合实事发展介绍国内金融状况，细化实践教学的案例辅导，引发学生对金融行业的兴趣并辅助他们找到自己专攻的领域
现在互联网这么发达，建议在学习金融学时加上与互联网企业一起合作参加实践的计划
可以在金融学专业培养计划中多增加一些实践教学课程，任课老师上课时也要多增加一些实践教学
引导学生考取注册会计师等含金量较高的证书
金融学专业学生需要加强财务能力培养，走出一毕业就进银行的怪圈，这个专业的就业范围很广，不要局限于银行
学习金融非常注重视野和学历，要鼓励学生多走出去
针对金融的英文专业术语必须加强学习，英语老师上课也不要太死板
多开设一些投资分析类课程
理论课程中的一些较为深奥的知识点、理论和模型，希望相关任课老师能详细讲解
提供更多的课外实践，把金融实践落实，给学生提供更多到公司实习的机会
希望老师不是照着课本来念，更应该在学生迷茫的时候给出建议，结合课本知识给学生的未来创造更多的可能性
可在讲课过程中，结合当前，适当增加一些金融大事件
结合目前的实时资讯学生听课的积极性可能会比较高
希望有些老师不要再照本宣科了，还不如让我们自己自习
第一，希望不要勤换班主任，即使换也应该充分做好交接工作而不是草草了事；第二，希望多一些学生回馈活动，让离校的学生有机会回馈自己的所学，帮助需要帮助的师弟师妹，这样我们的母校才会越来越好；第三，希望多一些实践活动，在这方面要请就业指导老师以及班主任定期或不定期找学生沟通，了解学生最新的学习动态

12. 毕业后您又学习或进修过哪些新的知识、技术？

此项调查同样为自愿性文字表达调查，数据结构的规范性偏弱。调查结果显示（表4.4），毕业生毕业后又学习或进修过的新知识、技术主要体现在证券、财务会计及数据分析等方面。

表4.4　毕业生毕业后学习或进修过的新知识、技术

期权期货及其衍生品	互联网、外贸等
股票分析方法	商务英语、财务管理、企业管理
工商管理知识	公众号运营、保险知识
初级会计、基金从业、保险从业	工作岗位相关知识与技术
信息调研写作、公文处理等	公共管理相关课程
中级会计	资金分析及穿透
财务软件应用及分析	学习反洗钱、反恐怖融资
订单流交易、价格行为交易	逻辑、数据分析、国际贸易、法律

四、金融学专业在校生调查结果分析

1. 专业在校生就读情况如何？

本问题主要是为了了解目前广师大金融学专业学生就读情况，包括性别比例、对学习生活的满意度、选择金融专业的动因以及实际就读后的难度体验，具体数据如下：

目前金融学专业在校生中，72%的被调查者为女性，28%的调查者为男性（图4.31），可以推测目前选择就读金融专业的女生较多，主要是因为女性擅长于风险管理，具有细致的分析能力和沟通能力等特质。

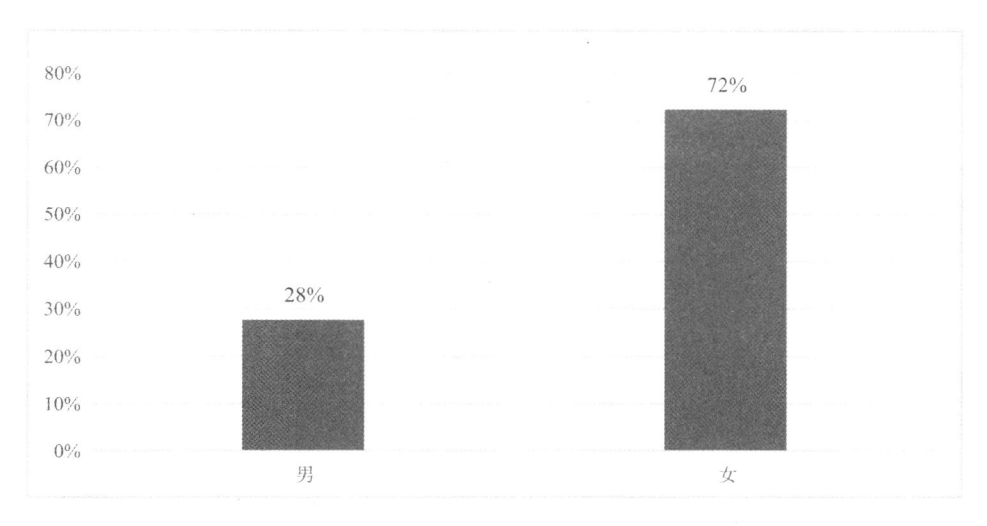

图4.31　金融学专业在校生男女比例

从图4.32中可以看出,有30%的被调查者对在校的学习生活感到满意,3%的被调查者对在校的学习生活感到不满意,其余的被调查者认为其在校的学习生活满意度一般。

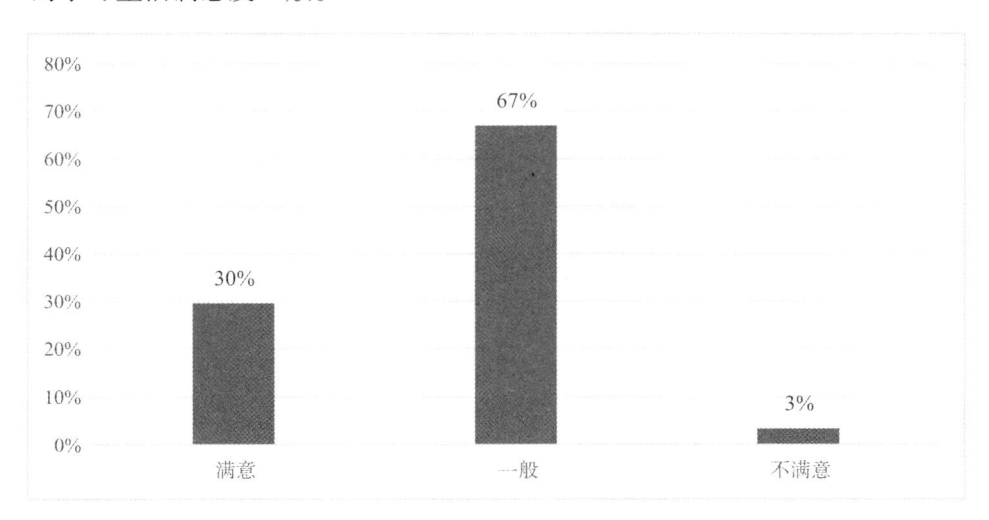

图4.32　在校学习生活的满意度

从图4.33可以看出,金融学专业在校生选择金融学专业的动因中有32%的被调查者是服从调剂,而27%的学生是由于自己喜欢,其余小部分在校生

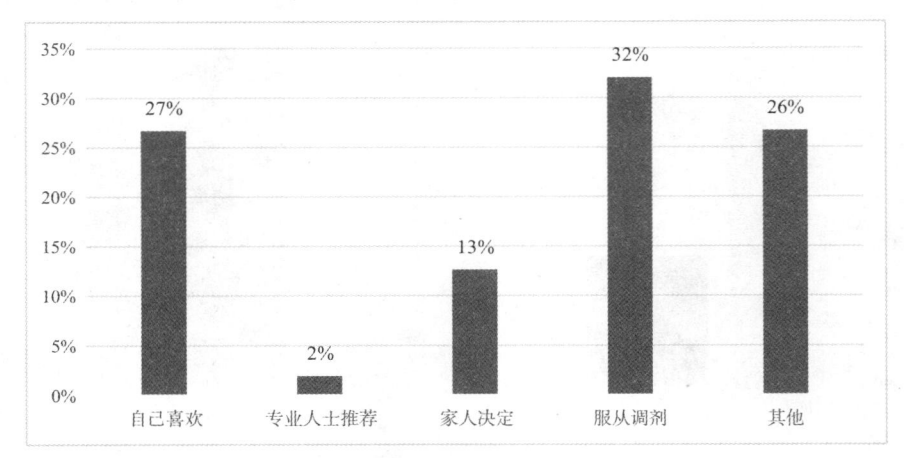

是由于家人决定、专业人士推荐或其他因素。

图4.33　选择金融学专业的动因

从图4.34中可以看出，大多数的金融学专业在校生认为专业难度超出原本预期，占比达到39%，而31%的在校生认为专业难度与预期一致。

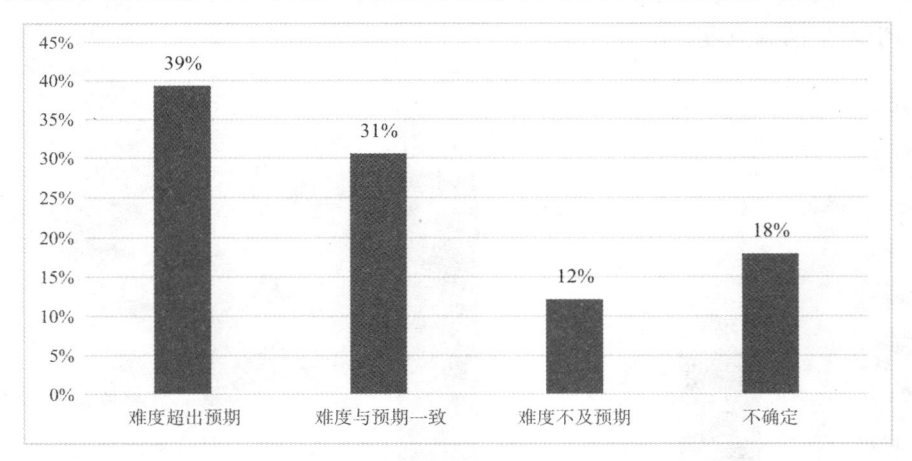

图4.34　专业难度与预期的差距比较

2. 金融学专业技能学习偏好如何？

从图4.35可以看出，绝大多数金融学专业在校生认为专业知识能力以及人际交流与沟通能力对未来发展最为重要。

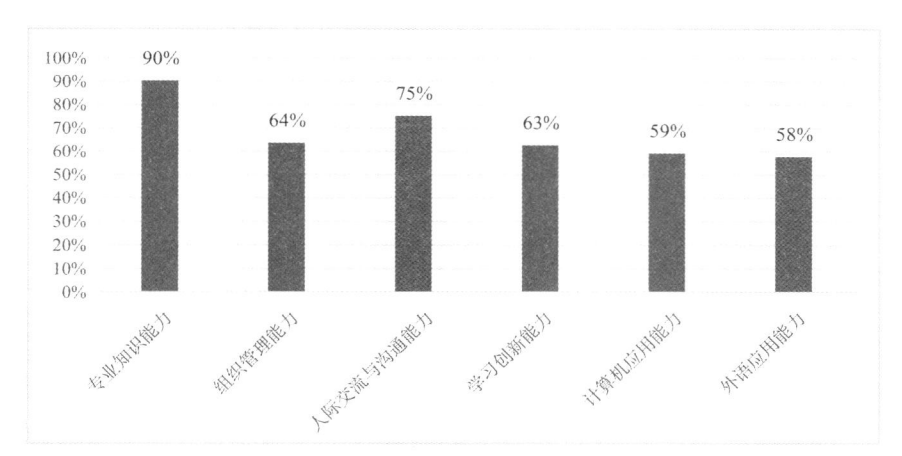

图4.35 哪些能力对未来发展最为重要

从图4.36可以看出，金融学专业在校生对于比赛活动，更加青睐于参加模拟炒股大赛，其次是ERP沙盘模拟大赛，而对数学建模大赛的兴趣不大。

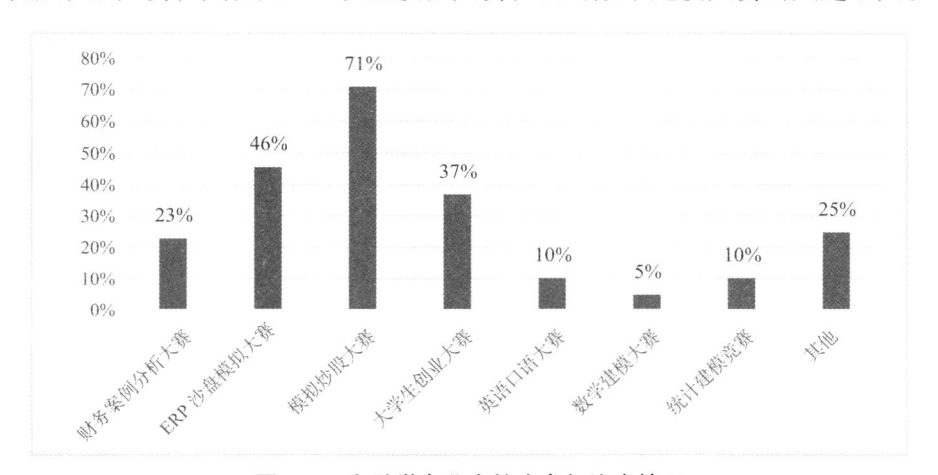

图4.36 金融学专业在校生参加比赛情况

从图4.37可以看出，82%的金融学专业在校生认为在校取得英语证书非常重要，其次是计算机证书，这些都是日后工作中非常实用的技能，而被调查者对保险从业证的兴趣偏小（19%）。

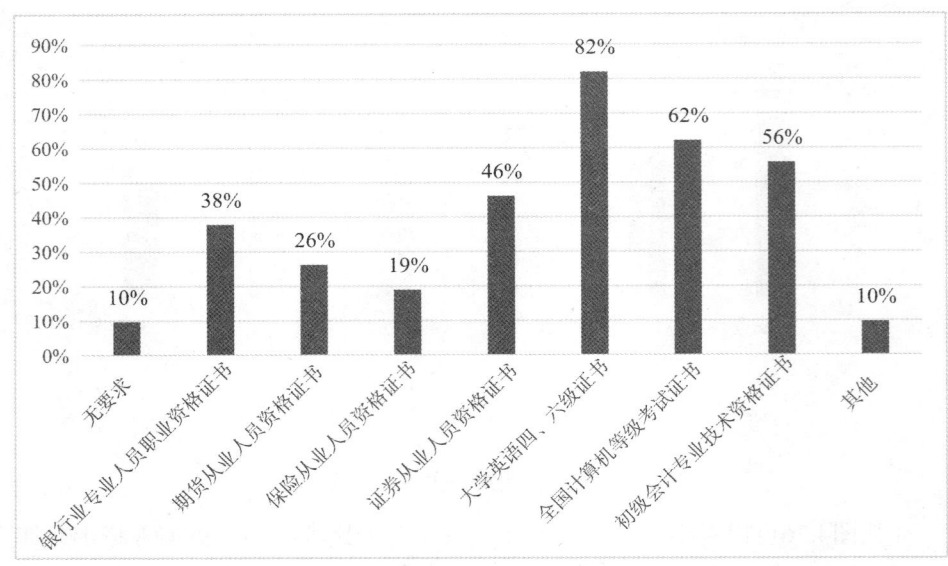

图4.37 在校应取得证书的重要度

3. 金融学专业教学设置情况怎样？

从图4.38不难看出，目前有32%的被调查者认为广师大金融学专业教育与教学存在不足的原因是理论不能联系实际，其次是校外实习基地不足（20%），再次是由于培养目标不明确（16%），这更加说明了当前培养方案改革的必要性。

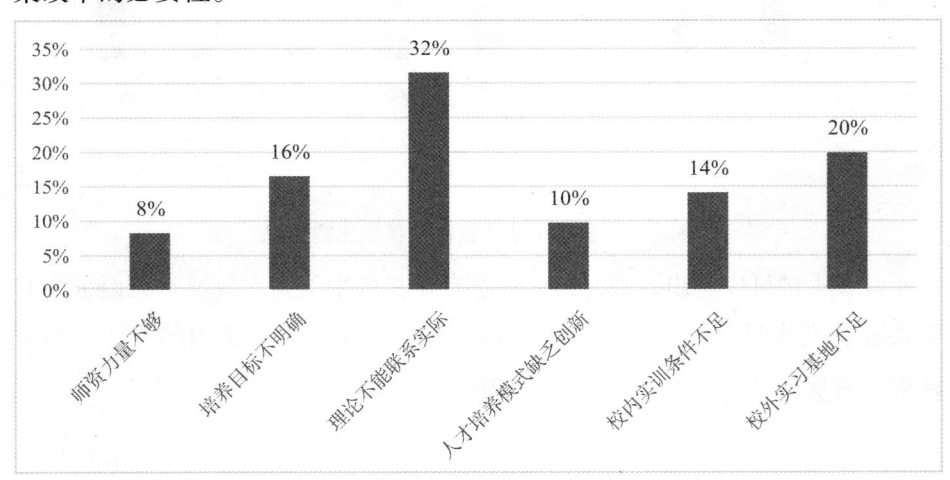

图4.38 本校金融学专业教育与教学存在的不足

从图4.39可以看出，金融学专业在校生对于目前课程设计的合理性评价两极分化，有31%的在校生认为课程设置过多，学习难度很大；而有31%的在校生认为课程设置不足，可拓展相关学科范围；其余学生大多数认为课程设计合理。

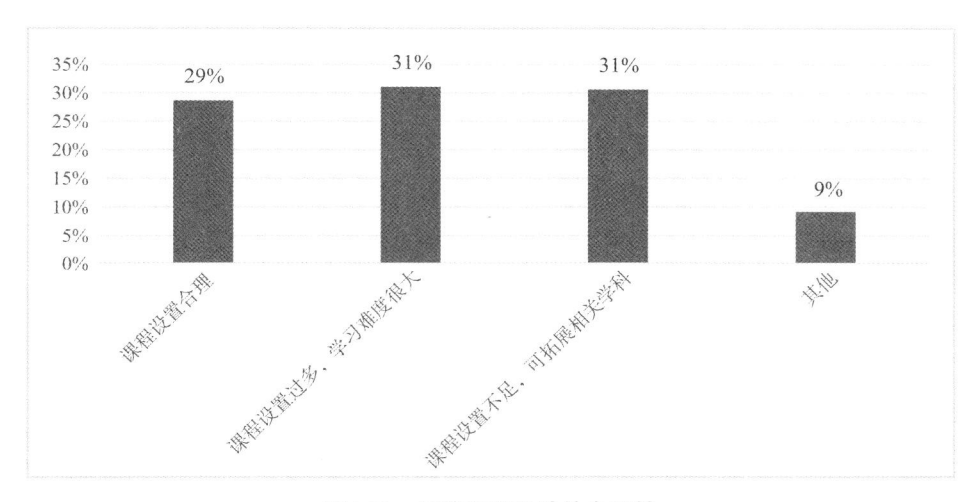

图4.39 目前课程设计的合理性

根据表4.5可知，大部分的被调查者认为金融学、微观经济学、投资学（双语）以及证券投资学是比较重要的专业课程，应作为核心基础课程来开设。

表4.5 金融学专业教育相关课程的重要性

题目\选项	重要	一般	不重要
会计学基础	164（79.61%）	37（17.96%）	5（2.43%）
民间金融	81（39.32%）	103（50%）	22（10.68%）
政治经济学	128（62.14%）	63（30.58%）	15（7.28%）
互联网金融	93（45.15%）	96（46.6%）	17（8.25%）
统计学	144（69.9%）	60（29.13%）	2（0.97%）
投资银行学	163（79.13%）	43（20.87%）	0（0%）
微观经济学	180（87.38%）	24（11.65%）	2（0.97%）

续表

题目\选项	重要	一般	不重要
期货投资学	164（79.61%）	41（19.9%）	1（0.49%）
逻辑学	79（38.35%）	104（50.49%）	23（11.17%）
投资学（双语）	177（85.92%）	27（13.11%）	2（0.97%）
财政学	120（58.25%）	75（36.41%）	11（5.34%）
投资项目评估与管理	111（53.88%）	80（38.83%）	15（7.28%）
金融学	185（89.81%）	20（9.71%）	1（0.49%）
创业投资项目分析	101（49.03%）	74（35.92%）	31（15.05%）
线性代数	129（62.62%）	66（32.04%）	11（5.34%）
证券交易基础	159（77.18%）	44（21.36%）	3（1.46%）
宏观经济学（双语）	171（83.01%）	29（14.08%）	6（2.91%）
证券投资基金管理学	154（74.76%）	51（24.76%）	1（0.49%）
概率论与数理统计	150（72.82%）	52（25.24%）	4（1.94%）
证券投资技术分析	161（78.16%）	41（19.9%）	4（1.94%）
证券投资学	175（84.95%）	31（15.05%）	0（0%）
金融企业会计	156（75.73%）	44（21.36%）	6（2.91%）
商业银行业务与经营	150（72.82%）	51（24.76%）	5（2.43%）
财务管理	155（75.24%）	49（23.79%）	2（0.97%）
计量经济学	153（74.27%）	50（24.27%）	3（1.46%）
财务会计	156（75.73%）	44（21.36%）	6（2.91%）
公司金融（双语）	163（79.13%）	40（19.42%）	3（1.46%）
财务报表分析	164（79.61%）	40（19.42%）	2（0.97%）
国际金融	156（75.73%）	48（23.3%）	2（0.97%）
会计电算化	129（62.62%）	65（31.55%）	12（5.83%）

续表

题目\选项	重要	一般	不重要
金融风险管理	156（75.73%）	48（23.3%）	2（0.97%）
金融营销学	135（65.53%）	67（32.52%）	4（1.94%）
金融英语	115（55.83%）	79（38.35%）	12（5.83%）
网络营销	104（50.49%）	85（41.26%）	17（8.25%）
金融工程导论	165（80.1%）	37（17.96%）	4（1.94%）
经济学研究方法论	126（61.17%）	67（32.52%）	13（6.31%）
保险学	127（61.65%）	75（36.41%）	4（1.94%）
博弈论	110（53.4%）	82（39.81%）	14（6.8%）
金融市场学	146（70.87%）	57（27.67%）	3（1.46%）
国际结算	146（70.87%）	57（27.67%）	3（1.46%）
金融理论前沿与热点专题	135（65.53%）	67（32.52%）	4（1.94%）
公共经济法	128（62.14%）	72（34.95%）	6（2.91%）

从表4.6中可以看出，大多数被调查者认为金融学专业实习与金融业务实操是更为重要的实训课程，应该多增设该类实训课程。

表4.6 实训课程的重要程度

题目\选项	重要	一般	不重要
商业银行业务实训	158（76.7%）	43（20.87%）	5（2.43%）
Python在数据分析中的应用	144（69.9%）	56（27.18%）	6（2.91%）
金融业务实操	166（80.58%）	38（18.45%）	2（0.97%）
SPSS在金融统计分析中的应用	149（72.33%）	51（24.76%）	6（2.91%）
大商科虚拟仿真综合实训	142（68.93%）	53（25.73%）	11（5.34%）
金融学专业实习	182（88.35%）	23（11.17%）	1（0.49%）
计量分析软件实操	154（74.76%）	45（21.84%）	7（3.4%）

4. 本科毕业后的就业偏好如何？

从图4.40可以看出，大多数被调查者本科毕业后的就业偏好为读研、银行就业、报考公务员和其他。

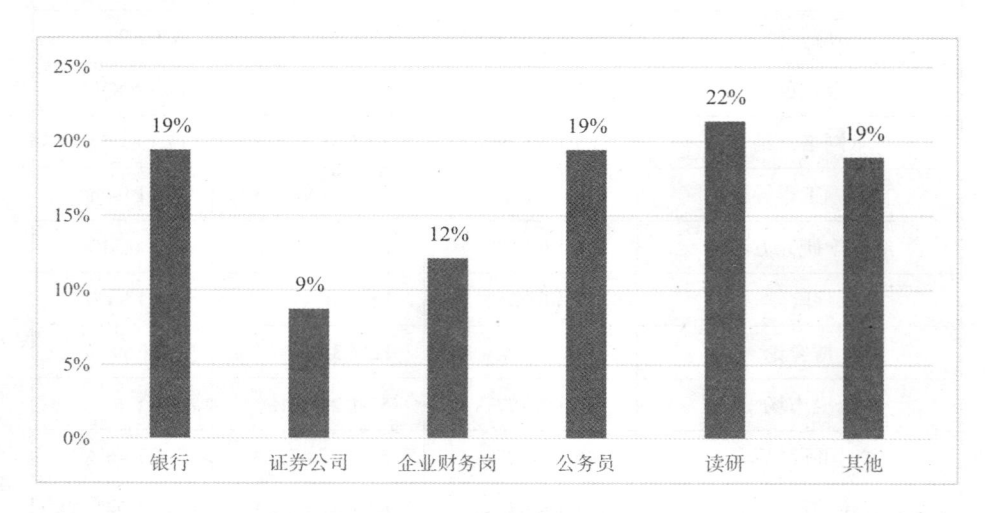

图4.40　本科毕业后的就业偏好

银行	证券公司	企业财务岗	公务员	读研	其他
19%	9%	12%	19%	22%	19%

第三节　调研结论及对策建议

一、调研结论

在调研报告的形成过程中，笔者重点阐述了在本调研问卷中搜集的相关信息，以便为以后培养方案的修订工作提供充足的资料和信息。通过这份调研问卷的统计结果，站在高校的角度，综合各用人单位、调研时广师大的三届金融学专业在校生和2023届金融学专业毕业生所做出的调研统计报告信息，我们得出以下一些调研结论：

（1）大部分用人单位认为专业知识能力是最重要的能力，其次是人际沟通能力、创新能力与合作能力。用人单位觉得实训课程很重要，校企合作和产教融合也很重要。

（2）大部分高校的金融学专业培养目标主要集中在适应金融发展需求，德智体美劳全面发展，具备金融素养和实践能力，具备国际视野和创新精神，能够胜任各金融机构相关工作等方面。在金融学专业学生的培养上都做了较系统的规划且目标明确、定位清晰。

开设的核心课程主要有经济学、金融学、国际金融、计量经济学、商业银行经营管理、公司金融、金融风险管理、证券投资、金融工程等。

在教学方法上突出了金融学本科教育的应用性和实践性，积极开展了金融实验室和实验基地的建设，培养并提高了本专业学生的实践操作能力；大部分学校的金融学专业都在增强金融数智化。在金融学专业教师的培训和技能提升上大部分高校没有给予足够的重视，这是急需改进和提升的。

在具体能力和素质的培养上突出学生的金融营销能力、良好的表达能力、熟练的办公能力及良好的品德等，在此基础上进一步提升学生的投资研究和数据分析能力。为了增强学生的实践能力，高校也积极与金融企业共建实习基地，共建金融实验室，邀请具有实务经验的金融企业人员来校集中授课，作为学生的校外导师。

（3）绝大部分金融学专业毕业生认为校外实习基地不足、校内实训条件不足、课程设置不足。

（4）仍存在较多的金融学专业在校生认为专业难度超出原本预期，为了让金融学专业在校生获得更好的就读体验以及学习成效，这方面需要改进和提升。我校金融学专业学生的培养规划和目标还不够系统与明确，急需给予足够的重视。金融学、微观经济学、投资学（双语）以及证券投资学应作为核心基础课程来开设。

二、对策建议

依据上述调研结论，结合金融科技时代的经济金融环境与我院自身的特点，笔者提出了以下一些人才培养方案的初步建议：

（1）进一步夯实学生的金融专业知识，加强金融学专业课程的学习，提高学生的核心竞争力。学校在培养金融类人才时，要定位清晰，把重点放在培养应用型、复合型金融本科人才上，并调整相关的课程设置，增加量化金融、互联网金融、民间金融、移动金融、小微金融、社区金融等专业方向。停开部分非金融类核心课程，将部分课程开成选修课程，让学生有更多的时间和精力提高金融核心竞争力。提升金融数智化水平，增强学生的人工智能和Python技术、金融大数据与金融随机分析能力。

（2）进一步完善我系的师资队伍。金融学专业教师缺乏实践技能，缺乏培训，这是大部分高校的不足之处。这也要求学校在设计本轮金融专业培养方案的过程，要重点强调教师端的技能和素质，制定教师技能培训办法，设立教师培训基金，在经费上积极支持教师参与相关技能培训。

（3）强化校企合作。校企合作对于实践性较强的金融学专业尤为重要，在金融专业的建设上我校主要依靠自身以及与其相关的资源和优势，很少会得到其他的社会资源的支持和帮助。这也是我校在金融学专业建设上未来必须有所突破的地方，争取获得校外金融机构的社会资源的支持和帮助。有条件的话，可以从金融机构引进校外导师。

（4）积极筹备金融实验室和金融产业学院建设，增加校外实习基地的建设。

第四节 本章小结

本章通过调研的方式探讨了金融科技时代应用型金融人才培养方案的修订需要注意的内容。随着金融科技的快速发展，金融行业对人才的需求发生了深刻的变化。金融科技体现了科技与金融的深度融合，其相关业务具有交叉性和应用性的特征。因此，对应用型金融人才的培养方案进行修订，以适应金融科技时代的需求，显得尤为重要。

本章选取用人单位、相关院校、在校生及毕业生校友作为调研对象，采用大数据爬虫技术和问卷调查的方式，对行业趋势、人才需求以及课程设置、人才能力体系、教学方式方法、师资队伍等现有培养方案进行评估，从优化课程设置、创新教学方法、加强师资队伍建设、强化实践教学等角度提出相应的修订建议。

通过对金融科技时代应用型金融人才培养方案修订的调研，可以明确当前存在的问题和不足，提出有针对性的修订建议。未来，应持续关注金融科技行业的发展动态和人才需求变化，不断优化和完善培养方案，为金融行业输送更多高素质的应用型金融人才。

第五章　金融科技时代应用型本科高校金融人才培养的问题分析

在金融科技时代背景下，传统金融行业的信用环境、业务模式等正在发生重构，对技术技能型人才的需求也发生了变化。因此，金融学专业的人才培养面临着新的挑战，传统的金融人才培养面临着一些共同的问题。在人才培养模式上存在诸多不足，如对人才培养模式理念认识不足、课程体系僵化、教学方法陈旧、专业课程体系建设不足、新形势下师资队伍培养不足以及教学手段创新不足等；课程设计方面存在"重理论、轻实践"的倾向，实训环节与金融行业现状脱节，导致学生在实际操作中缺乏必要的技能和经验；互联网化思维培养力度不够；专业老师缺乏实践培训，缺乏实战经验，过于偏向理论知识；学生对职业操守重视不够以致缺乏自我提升的主观动力；专业方向拓展力度不够等。

第一节　传统的金融人才培养模式滞后

新科技革命冲击下客观上要求未来的金融人才应当是跨专业、跨领域的复合型人才，而当下的培养模式却很难满足这一需求。学生入职后，金融机构往往不得不耗费大量人、财、物力对其进行专门培训，成长为复合型人才往往需要花费数年时间，而这一蜕变过程却无法在高校实现。在科技金融时代背景下，培养模式的不足主要表现在以下几个方面。

一、传统人才培养模式整体上缺乏创新

应用型本科高校金融人才培养在新科技革命的背景下面临着诸多挑战和问题。在人才培养模式上，表现出传统的金融学人才培养模式滞后，所培养出来的金融学专业毕业生数字化技能水平与实际岗位需求不匹配。这是因为传统的金融学人才培养模式往往坚守"以教师为中心、教材为中心、教室为中心"的固有理念，过度依赖课堂教学而忽视实践教学的价值，且未能充分融入新技术应用的培养元素（刘勇，曹婷婷，2020）。当前，金融学教育中存在的一个显著问题是基础理论教学内容与相关专业课程的内容高度重叠，这不仅浪费了教学资源，还影响了学生的学习效率。同时，传统教材的理论知识更新速度较慢，往往滞后于快速发展的金融行业，且讲授方式较为单一，缺乏创新性和灵活性。此外，技术应用与金融理论的结合不够紧密，导致学生难以将所学知识有效应用于实际金融工作下。这些问题共同构成了当前金融人才培养过程中的主要挑战，亟待通过教育模式的创新和改革来加以解决（葛和平，陆岷峰，2021）。在传统的教学模式中，学生往往缺乏互联网思维，这使得他们在面对金融行业未来技术变革时显得难以适应（魏春华，2019）。随着金融行业的数字化转型，对金融人才的数字化技能要求日益增加，包括数据分析、人工智能、区块链等方面的技能。新科技的不断涌现使得金融行业的技术更新速度加快，金融人才需要不断学习和适应新技术，这对于教育机构的教学内容和方式提出了新的更高的要求。

二、缺乏对学生数字化技能的培训

新科技革命浪潮来得如此之快，使得目前大部分应用型本科高校金融学专业应用型人才培养形成的人才有效供给与市场需求匹配度不高。许多研究指出，当前应用型本科院校培养出来的金融人才往往在实际工作岗位上面临应用能力不足的问题。目前，商业银行在人才储备上存在显著的

不足，尤其是缺乏同时精通科学技术与金融业务的复合型人才。特别是在金融科技快速发展的背景下，商业银行对于高端人才的需求尤为迫切，但这类人才却显得尤为稀缺（陈泽鹏，黄子译，谢洁华，李成青，肖杰，2018）。金融科技、区块链等新兴技术的应用对于学生的数字化技能提出了更高的要求，也增加了实践教学的难度，需要教育机构加强与企业的合作，提供更多的实践机会。尽管应用型本科高校在实践教学上有所侧重，然而，部分学校的实践教学项目并未能紧密贴合金融行业的实际需求，导致教育内容与行业应用之间存在一定的差距。学生缺乏与金融科技、大数据等新兴领域相关的实践经验，导致毕业生在就业市场上竞争力不足。中国金融科技人才培养与发展问卷调研（2021）指出，96.8%的调研机构在金融科技专业人才存在缺口，且所招聘的应届生入职人员，在数字化技能经验方面能力明显不足。

事实上，随着新科技特别是金融科技的不断发展，"互联网+"在金融行业的运用变得日新月异，推进速度极快，极大地改变着金融行业的发展路径。因此，互联网金融会获得更加快速的发展，传统金融业务开始逐渐走上脱媒化以及普惠化之路。因此金融机构对金融从业人员要求的能力与传统要求已有很大的不同。不仅仅是像柜台业务、做账这样的简单操作，新科技时代的能力要求更全面，要求从业人员有互联网思维、丰富的网络技术知识适应互联网金融相关工作，要求从业人员拥有各方面的综合能力，除了良好的金融营销能力和表达能力、熟练的办公能力及良好的品德等，随着金融科技的影响，市场要求金融从业者具有更高的技能，主要体现为互联网环境下较强的投资研究、数据分析能力以及较强的学习能力等。

三、学生个性化培养不强

新时代金融业务微观化对如今的金融形势产生了巨大影响，有些高校的金融学专业课程体系相对容易忽略金融学微观课程，并没有做出与之相匹配的金融学专业课程体系的建构。高校金融学专业的教学目标是培养具有较强的实操能力以及解决实际问题能力的复合型金融专业人才。金融是一门实操性强的经济学科，但是目前高职本科院校的金融学专业课程体系尚存在许多不足，通用的教学形式，相对忽略了微观金融学课程，课程定位不明确，课程设置忽略了学生的个性培养。高校的微观金融学的课程数量和种类比较少，容易忽视学生实践能力的培养。此外，一些高校为了提高学校的声誉以及就业率，设置过高的教学目标，结果导致学生只重视理论知识学习而忽略了实践性的学习。例如，学生学习是为了避免挂科，是为了考证，忽视了自主学习能力的培养，与高校人才培养复合型金融专业人才的培养目标背道而驰。

四、过于偏向理论知识教学，学生应用能力塑造不够

新科技革命冲击下的金融人才需求注定了其培养的必须是理论与实践结合的应用型金融人才。强化应用能力可以说是时代的需要，尽管国内很多高校都在校企合作、双师型教师、实习实训等方面努力为提高学生实操能力创造条件，然而培养结果与改革初衷常有背离。问题突出表现在：第一，高校意愿强烈，但企业态度冷淡。愿意为学生提供实习机会的企业为数甚少，且即便学生有机会实习，多数也难以接触到实质性工作，学生对于优质实习机会的获取处于僧多粥少的局面。第二，高校自身的双师型教师数量不足。一些教师的知识储备多限于理论层面，由于没有金融界的从业经历，对最新出现的金融动向只有宏观层面的理论把握，实操方面难以给学生提供指导。第三，课程的实用性不强，配置调整严重滞后于经济金融形势的变化。课程设置大多偏向传统金融，最新的金融知识不能及时添加到课程体系中，调整存在时滞性。

根据调查，88%的被调查者认为专业的课程设置应重视学生实践能力的培养，86.96%的被调查者认为专业的课程设置应注重学生专业技能的提高。而在"问题与建议"部分的调研结果显示，大部分高校认为金融学专业学生应用能力塑造不够的原因表现在专业教师能力欠缺、老师缺乏必要的实践能力的培训、师资队伍建设不足、教学中的实践环节薄弱、实验金融课程开发没有得到重视等方面。因此，为了增强学生的实践能力，高校有必要积极与金融企业共建实习基地，共建金融实验室，邀请具有实务经验的金融企业人员来校集中授课，作为学生的校外导师等。

五、学生职业操守重视不够以致缺乏自我提升的主观动力

作为新科技革命的产物，互联网金融突飞猛进的发展也会导致金融风险频发。虚拟网络环境中，交易者的身份信息与交易动机难以验证，信息不对称导致严重的逆向选择和道德风险，常会给交易双方带来不必要的经济损失，社会影响恶劣。加之针对虚拟网络金融交易的监管滞后和缺位，从业人员的自律和职业素养就显得尤为重要。美英等成熟资本市场国家，都高度重视金融从业人员的职业道德操守和社会责任感。学生从业前会接受大量的职业道德及专业准则教育，认识职业修养的重要性，并产生自我提升的主观动力。国内此类教育基本上只有一门思想道德修养与法律基础，虽然这在一定程度上可以提升学生的职业道德操守，但还稍显不足。

六、缺乏"金融+科技"复合型人才综合素质培养

金融科技时代的经济金融领域需要的是大量掌握金融技能和实际工作经验的基层员工和具有扎实的理论基础以及创新能力的高端复合型高技能金融人。由此可见，单一的金融学专业人才培养难以满足社会经济发展的需要，应用型本科金融教育的目标应着眼于符合市场岗位的需求，为新时代培养复合型金融人才。专业教育的出发点在于技能、专业和市场的需求，理论研究是可持续发展的支撑，但现实还存在较大差距。

为了适应新科技革命的挑战，就需要培养具备跨界思维能力的人才（袁广林，2021）。金融行业对人才的要求不仅仅是具备专业知识，还需要具备包括沟通能力、团队合作能力、创新能力等在内的较强的综合素质以及跨学科知识。金融科技的发展需要金融人才具备跨学科的知识背景，涵盖金融、计算机科学、数据科学等多个领域的知识，这对于教育机构的课程设置和教学组织提出了挑战。在新科技革命的浪潮下，商业银行渴求的是综合型精英，他们不仅精通金融业务知识，还熟练掌握网络信息技术、市场营销策略，并能灵活应用金融科技，以成为引领互联网金融行业发展的复合型人才（陈泽鹏，黄子译，谢洁华，李成青，肖杰，2018）。金融学专业在人才培养上应紧跟时代步伐，致力于培养出符合现代复合型人才标准的金融人才，确保他们能够满足金融科技等行业迅猛发展的实际需求（汪来喜，孙传旺，2019）。新兴金融就业趋势对从业人员提出了更高的要求，不仅需要他们具备复合型的知识结构，还需在实践中展现出出色的应用能力，并持续培养创新思维以应对行业挑战。金融人才的培养和发展也面临着新的挑战和要求。未来，金融人才被视为具备广阔国际视野、掌握前沿金融知识、拥有强大实践能力、胸怀强烈社会责任感的创新型、实干型人才。这要求金融人才不仅在专业知识和技能上达到高标准，还需要在政治立场、职业道德、服务理念等方面展现出过硬的能力和素质。然而，一些应用型本科高校在金融人才培养中偏重于专业知识的传授，而忽视了综合素质的培养以及跨学科知识的传授。

第二节 传统的金融人才培养课程体系有待优化

一、课程体系设置与市场需求匹配度不强

纵观各应用型本科院校金融学专业课程体系的设置，不难发现大部分的金融学专业课程体系（见表5.1）采用模块化课程体系框架，按模块进行教学。虽然定位为应用型本科院校，也关注学生专业知识的系统化以及创新能力的培养，通过"厚基础"实现可持续发展，但大部分还是以理论课程为主，课程结构缺乏系统性以及忽略课程内容与实践相结合，导致学生不能很好地构建知识体系，不利于培养学生的实际解决问题的能力，这样

很难达到金融学专业的人才培养目标。

表5.1　高校金融学专业主干课程

本科院校主干课程
政治经济学、西方经济学、财政学、国际经济学、货币银行学、证券投资学、国际金融管理、保险学、商业银行业务管理、中央银行业务、投资银行理论与实务等

随着金融新技术的发展，要进行金融人才需求的更新调研与规划，按照新技术革命下的新金融内涵解读其不久的将来所带来的岗位需求，及时反映在课程体系、专业课程设置优化和教材开发中，为专业发展和专业课程体系改革做出前瞻性调整，融合金融新技术要求开发配套教材及建设和更新实训室，着重培养学生的动手能力，来实现与将来相关职业岗位工作的零距离对接。同时，课程结构需要调整，形成前后一致、衔接紧密、实践操作增强的专业教学标准，以达到与企业岗位的无缝对接，增强人才培养的适应性和加强学生实践能力的培养。

二、实践性教学环节形式化

为什么有些毕业生认为在学校所学习的专业知识远远达不到现有工作岗位的需求？归根结底是由于学校注重理论知识教学，相对忽略实践课程的教学。实践课程的教学不仅是培养复合型的金融人才的重要手段，更是解决我国目前金融人才结构性问题的关键因素。金融学专业是各个学科里理论与应用差别最大的一门经济学科，这是因为它具有一大堆假设性、与现实几乎无关联的金融模型。即便一些高校重视实践性课程的培养，建设立体化的综合实验的实训中心，但也因高校人才培养目标定位不符合实际，课程的结构和层次设置不合理，使实训中心的建设发挥不了根本性作用，导致实践性教学环节流于形式。因此，在学习过程中，实践与实习是至关重要的，平时学习中除了加强微观类实践课程的建设，还要为金融学专业学生提供小组合作的案例分析实践机会和积极引导学生到金融行业实习，运用课程所学的知识分析和解决实际问题。

三、课程设置中宏观化与微观化的比重没有有机协调

重视金融学专业的微观性课程主要是由于经济全球化以及金融市场的多元化。人类命运共同体的构建使世界经济全球化，中国经济同世界的金融经济协同发展，构建经济共同体使得中国的金融市场越来越规范化。因此，我国的金融发展微观化是大势所趋，应用型本科院校金融学专业的发展也因金融市场的变化而逐步微观化。

应用型本科院校的金融学专业课程设置比较倾向于宏观金融学理论课程，与新时代金融人才培养目标发生偏移。新时代出现了多种电子渠道以及客户的个性需求，使得金融市场微观化以及各个金融机构出现综合化经营。为培养出符合社会需求的金融人才，各高校金融学专业课程体系不得不做出建构。金融学专业课程体系细分金融学专业的核心课程内容，虽然设置了多种微观金融课程，但是打破了金融学专业课程体系的系统性和课程定位，不可避免地出现课程内容重复或交叉。而高校在微观金融和实践能力的训练方面较为薄弱，使学生难以做到知行合一，难以将理论知识运用到实际生活中分析问题、解决实际经济问题，进而降低了复合型金融人才的培养质量。

百年大计，教育为本。金融市场体制的改革与创新对金融学专业的学生提出了更高的要求，为此构建符合市场需求的金融学专业课程体系是新时代的总体要求。重视学生的理论知识和实践相结合，增强学生的综合能力，注重培养学生的创新能力，培养复合型金融人才。优化课程体系和教学模式、平衡协调宏观和微观金融学课程、建设高水平的教师队伍是培养复合型金融人才的重要措施，从而真正提高学生的专业水平，强化专业能力和职业能力，实现金融学专业复合型人才的培养目标。

第三节　金融学专业数据智能型师资队伍建设亟待加强

一、数据智能型师资队伍存在明显短板

一些应用型本科高校的金融学专业师资队伍相对薄弱，师资结构不合理，缺乏金融科技、区块链等新兴领域的专业人才。在师资力量的配置上，目前存在的一个显著短板是跨学科背景的教师团队较为稀缺（王馨，王营，2021）。在新科技革命的背景下，金融科技的迅速崛起对应用型本科高校的金融实验实训体系提出了更高的要求。这些实验实训课程的成功开展，需要教师不仅具备跨学科复合型的知识结构，还需要拥有创新性的思维能力。然而，目前的情况是，大多数教师虽然拥有较高的学历和深厚的金融理论知识，但在金融实务方面的经验却相对不足（张云，杨凌霄，李秀珍，2020），数据智能型师资队伍存在明显短板。这导致了金融教育中的新技术应用和趋势更新不及时，影响了教学效果。在教学上依然过于偏重于理论知识传播，虚拟仿真实操、数字时代互联网环境下的投融资研究、数据分析等实践占比过少。

二、双师型教师占比过低

有行业经验的双师型教师占比过低，对最新出现的金融动向只有宏观层面的理论把握，实操方面难以给学生提供有效的指导。这些不足限制了学生在新技术浪潮推动金融不断创新的背景下适应市场需求能力的提升，适应不了当前新科技革命冲击下的宏观环境，对金融学应用型人才培养的有效供给起到了一定的阻碍作用。

三、教师对教学标准适应性调整不足

金融网络化、现代化程度不断提升，同时受到办学条件、教育投入、

办学效益等因素的影响，高职金融管理专业原有的人才培养方案、专业规范有待更新建立，专业课程体系也有待加强。要明确专业人才的培养目标，即培养具有一定国际视野，系统掌握经济金融理论和知识，具备金融实务专业技能，具有较强的社会适应能力，胜任银行、证券、保险等金融机构及政府部门和企事业单位的专业工作，具有较深理论功底、精湛专业技能、良好综合素质的应用型金融人才。

在当今我国的经济由传统产业向高附加值产业转型、急需大量既有理论基础又有实践能力的复合型金融高级技能型人才的背景下，金融人才的培养需做自适性调整。在既有的金融人才培养模式中，高职院校注重项目实践导向化操作，实操能力得到重视，而理论知识强调不够，不少学生知道怎么做而不知道为什么这么做，导致学生进入社会顶岗实习期间缺少举一反三的能力，因此学生的社会岗位竞争能力下降；而本科高校注重理论基础的巩固，学生专业理论知识基础过关，但平时实操机会减少，那么动手能力就没有那么强，容易导致学生知识过关而顶岗就业操作不熟练。高职本科一体化的教学模式开始成为教育模式的新潮流。本书分析了广东技术师范大学与广州番禺职业技术学院联合开展的高职本科一体化金融学专业项目的运行现状，探讨了促进高职本科一体化金融学专业教学发展的专业标准制定建议，以期为完善高职本科一体化金融学专业的教学模式做出贡献。

第四节　金融学专业教学质量的评价体系有待完善

金融学专业是一个集理论和实操为一体的综合性专业，必须依靠较深厚的理论知识来支撑分析，也必须要有过硬的实操技能来解决实际问题。应用型本科金融学专业的"理论与实操"相结合的人才培养模式增强了学生的金融理论基础，提高了其解决金融实际问题的能力。但如何才能使这种模式很好地落地、生根发芽并结出硕果，其中一个需要重视的问题就是如何建立健全完善的本科金融学专业教学质量的评价体系以提高其教学质量。那么，由谁来评价，评价的指标是什么，评价的结果怎么反馈与利用等，这些都值得研究。目前，部分应用型本科高校金融学专业教学质量的评价体系存在着评价指标不科学、评价主体单一化以及缺乏评价反馈机制等问题。

一、评价体系形同虚设

很多应用型本科院校要求金融学专业的学生对相应课程教师进行评价，但始终未见教师因评教结果而做出在金融教学内容或方式上的改进，他们还是继续原有的教学模式，继续以闭卷考试考核学生，最终导致学生被迫适应教师的教学模式。学生的学习思维模式受到限制，导致金融学专业的教学质量无法提高，使得金融学专业教学质量的评价体系流于形式化。

二、评价指标不科学

很多应用型本科院校在制定指标时，由于指标描述得比较空泛，指导性不强，缺乏科学性，导致金融学专业教师在教学上较多地按课本进行理论讲授，很少进行案例式、实操式等启发性教学。同时，指标侧重于对教师教学的评价，忽略学生从教学中学习到的金融知识或者金融技能是否有助于解决现实金融问题，是否能培养学生金融学专业上的创造性和创新性思维能力等，难以对教师的教学质量达到好的评价效果。

三、评价标准不完善

教学质量评价是根据评价标准进行的，很多应用型本科院校在制定标准时会参照国家标准，但普遍存在一些问题：一是很多应用型本科院校更重视理论知识的传授，使学生处于"重理论、轻实操"的怪圈，容易导致金融学专业学生无实操技能经验，被迫无缘参与一些高校技能比赛。二是评价标准缺乏独特性，没有把应用型本科院校本身过硬的实操技能发挥出来，无法体现金融学专业给学生的分析、解决实际金融问题以及防范金融分析能力。三是所制定的标准难以适应与时俱进的金融行业、企业所需的职业岗位的技能需求，导致一些应用型本科院校培养的人才难以适应社会发展。

四、评价主体较局限

在金融科技时代，应用型本科金融学专业的人才培养目标是培养具备理论性学术型和实用性技能型人才的复合型金融人才。但很多应用型本科院校在教师教学评价的过程中，过于强调学生为主体的评价，而忽视与应用型本科院校利益相关的其他主体的作用，比如本科院校本身、金融行业企业等，他们的参与度都有待提高。

五、缺少量化评价

由于金融学是一个大类，里面可以细分成很多科目，如保险学、证券投资业务、银行柜台业务实操等，教学内容复杂多样，教学方式也因人而异，不能单纯地通过满意度调查问卷向学生调查金融学专业的教学质量，缺乏用量化的数据来对每门金融课程的教学质量进行客观并有效的评价。

六、缺乏过程评价反馈机制

很多应用型本科院校一般只在学期期末才开展对金融学的教师进行教学评价，缺乏过程监控，不能及时反映学生学习过程中的想法，使教学评价失去促进整改的导向作用。

第五节　本章小结

在金融科技时代，应用型本科高校金融人才培养面临着诸多挑战与问题。这些问题主要表现在：传统的金融人才培养模式滞后、传统的金融人才培养课程体系有待优化、金融学专业数据智能型师资队伍建设亟待加强、金融学专业教学质量的评价体系有待完善等。主要体现在：（1）课程设置与市场需求不匹配、缺乏针对性。未能有效结合金融科技时代的需求，导致学生无法形成自身核心竞争力。金融科技的发展对金融人才的知识结构提出了新的要求。然而，目前很多应用型本科高校的课程设置未能及时跟上市场变化的步伐，导致学生所学知识与企业实际需求脱节。例如，大数据、人工智能、区块链等前沿技术在金融领域的应用日益广泛，但相关课程在财经类高校中大多作为选修课存在，难以引起学生的重视。（2）实践教学环节薄弱。目前很多应用型本科高校在金融工程专业的实践教学环节上存在明显不足。校内缺乏金融工程实验室或实验室利用率低，校外实习又难以接触到核心的技术操作，导致学生的实践能力得不到有效提升。（3）教学方式单一，考核形式僵化。传统的教学模式以教师讲授为主，学生被动接受知识，这种方式难以激发学生的学习兴趣和创新能力。此外，考核形式多以试卷考试为主，形式单一，难以全面评估学生的综合能力。在金融科技时代，这种教学方式和考核形式已无法满足行业需求。（4）缺乏跨学科综合人才。金融科技是金融和科技的深度融合，要求从业者具备跨学科的综合能力。然而，目前很多金融学专业的学生在数理运算、计算机编程等方面的能力较弱，难以适应金融科技时代的发展需求。同时，金融学专业的学生在科技方面的知识积累也相对不足，限制了其在金融科技领域的职业发展。（5）教育体系滞后于行业发展。当前的教育体系在金融科技领域的课程设置和师资力量方面存在不足，难以满足行业对人才的需求。传统的金融教育和科技教育往往相互独立，缺乏交叉融合的课程设计，导致学生难以形成全面的金融科技知识体系。同时，金融科技领域的师资力量也相对匮乏，使得教育质量难以得到保障。这些问题的存在不仅关乎学生的知识结构和能力培养，还直接影响金融行业未来的发展和竞争力，必须妥当及时地加以解决。

第六章　金融科技背景下本科金融人才培养的个案分析

第一节　新科技革命背景下应用型本科高校金融学专业人才培养改革
——以广东技术师范大学金融学专业为例

近些年，包括人工智能、大数据、云计算、区块链、物联网等在内的一场新的科技革命浪潮正在涌来。其特征则主要表现为智能化、数字化以及网络化。新科技革命浪潮正在推动着信息技术与金融业务的深度融合，以金融科技创新为典型代表的金融创新引领着金融变革，导致了数字化时代应用型金融人才面临着巨大缺口，而传统方式培养出来的金融学专业毕业生却因难以适应市场需要而难以就业。如此尴尬的局面促使高校金融学应用型人才培养不得不进行相应改革。在新科技革命背景下，对地方应用型本科高校金融学专业人才培养提出了新的要求。本节内容以广东技术师范大学（以下简称"广师大"）为例，按照学校多学科协调发展的办学理念和"厚基础、宽口径、强技能"的培养原则，面向国家金融业人才需求，立足行业及区域社会经济发展，以"三对接双保障"为抓手，逐步构建和完善了地方应用型本科高校金融学专业人才培养模式。为地方应用型本科高校培养既具有优秀综合能力又具有赤诚的情怀担当的应用型金融学专业人才有很好的借鉴意义。

针对新科技革命所引致的冲击，广东技术师范大学金融学专业自 2014

年起，按照学校多学科协调发展的办学理念和"厚基础、宽口径、强技能"的培养原则，面向国家金融业人才需求，立足行业及区域社会经济发展，以"错位发展、形成特色"为指导原则，以"三对接双保障"为抓手，历经八年的探索与实践，逐步构建和完善了地方应用型本科金融学专业人才培养模式。"三对接"是指：对接"新文科"要求，创建"校校协同、校地协同、校企协同的"三协同"育人机制，实现与研究型、教学研究型等高校错位发展的应用型人才培养目定位；对接社会应用型金融学专业人才需求，创建"革新人才培养方案、优化师资队伍、调整课程体系、开设特色课程"新举措，实现优化学生能力体系；对接新时代思政要求，创建"创新创业、课程思政、第二课堂"新途径，实现提升爱国情怀与思政担当。"双保障"是指：规章制度保障、运行机制保障可持续改进的培养质量保障机制。

一、广师大金融人才培养改革的具体做法

在新科技革命的冲击下，金融实务人才必须以现代经济、金融、管理等财经学科知识为基础，在掌握系统的经济学知识及理论背景下，突出金融学知识，并且拥有较强的相关金融实践应用能力，拥有高尚的职业道德操守，同时还应有互联网精神、跨领域的知识储备、对海量信息的处理掌控能力，以及跨文化的交流和沟通能力等。

（一）通过"三对接三创建"构建金融人才培养质量的提升体系

1. 创建"校校协同、校地协同、校企协同"育人机制，实现应用型人才培养目标定位

以互联网、云计算、人工智能、数据挖掘、区块链为代表的日新月异的全球新科技革命，导致文科的研究边界、研究范式不断被打破和被重构，传统文科的思维模式面临严峻挑战。对接"新文科"的内在要求，广东技术师范大学金融学专业将专业定位细化为类型定位、层次定位、功能定位与服务目标定位四个方面。第一，类型定位：教学应用型。第二，层

次定位：稳定本科教育规模，积极发展研究生教育。第三，功能定位：以社会和区域经济发展为导向，面向银行、证券、保险等金融机构、政府部门及各类企业，以应用型专门人才培养为核心。第四，服务目标定位：立足广东，面向全国。

具体措施是通过构建"校校协同、校地协同、校企协同"三育人机制，保证应用型人才培养目标定位得以实现：

一是校校协同。积极完善人才培养协同机制，与广州番禺职业技术学院的金融学专业"4+0"、与广东邮电职业技术学院的金融学专业"3+2"等联合办学稳步推进，打通高职本科通道，对省内联合培养起到示范作用。

二是校地协同。与广州民间金融街开展了系列合作，在民间金融街建设了学生实习基地，开展了多个课题研究，成功合作申报并开展了广东省互联网金融工程技术研究中心建设等。

三是校企协同。与金融机构等筹建和完善实习基地建设，有力助推人才培养。

2. 创建"革新人才培养方案、优化师资队伍、调整课程体系、开设特色课程"新举措，实现优化学生能力体系

为了紧随金融机构以及金融环境日新月异的变化步伐，培养可以满足时代发展和实践需要的复合型金融人才，广东技术师范大学金融学专业及时修订人才培养方案：强化复合型金融人才的培养目标，根据国家标准调整和增加必修课程，增加与市场契合度高的选修课程，目标是使所培养的学生不仅具备良好的心理素质、高尚的职业道德操守，同时还具有互联网精神、跨领域的知识储备、对海量信息的处理掌控能力，以及跨文化的交流和沟通能力等。

一是革新人才培养方案。积极开展人才培养方案修订及执行情况检查，确保人才培养质量。

二是优化师资队伍。近三年来金融学专业根据专业发展需要引进了8位

博士；选派153人次教师参加各专业协会举办的课程培训班、学科建设学习班、实验室建设研修班等；调整教学任务，助力5位教师完成出国访问学习任务；通过制度建设帮助教师成长等。

三是适时变更课程体系结构。积极调整课程结构，对标金融学教学质量国家标准增加逻辑学、政治经济学等课程，开发了"金融基础课程群""金融核心课程群""金融技能课程群"和"金融实践课程群"。广东技术师范大学金融学专业课程体系改革后包括理论课程、实践教学环节和毕业论文三个部分，和国家标准要求的一致。但国家标准要求"在满足国家标准的基本要求之外，各高校应根据自身定位和办学特色，积极推进教育改革与创新，不断提高我国金融学科建设与发展的整体水平。"因此，在新科技革命冲击的大背景下，为了紧跟"互联网+"在金融行业的运用以及普惠金融推进的步伐，顺应金融业的发展，今后应积极拓展金融专业和专业方向的设置，增加紧跟时代的与传统金融不一样的专业，有计划地开展核心课程建设，加大政策扶持，明确课程负责人制度，形成优秀的教学团队，争创更多的金融学类精品资源共享课程。

四是开设特色课程。基于新技术革命冲击对金融科技人才的需求增加，开设Python在金融数据分析中的应用、金融科技等公选课程；根据广东金融经济发展实际，开设民间金融等课程。不断创新教学理念与方式，让学生成为教育的中心。

3. 创建"创新创业、课程思政、第二课堂"新途径，实现提升学生家国情怀与担当

一是创新创业。由院校内外教师、行业专家等担任指导教师，指导学生开展"挑战杯""创青春""互联网+"、全国金融与证券投资模拟大赛、全国大学生金融科技能力大赛等项目，指导学生社团开展创新创业相关培训和竞赛等。

二是课程思政。以"课程思政"为载体，探索"知识传授与价值引领相结合"的有效路径。将价值观培育和塑造有机地融入各课程，做到"课

程思政，育人无声"。

三是第二课堂。通过第二课堂创建"思想引领体系、文化育人体系、创新实践体系"等，增强学生的社会责任感。

（二）通过"双保障"打造人才培养质量的保障体系

1. 相对稳定的规章制度保障

通过教学规章制度建设，比如《广东技术师范大学财经学院教学管理工作规划》《广东技术师范大学财经学院关于进一步加强教学质量监控的规定（暂行）》《广东技术师范大学财经学院教学督导工作计划》《广东技术师范大学财经学院新进青年教师培养管理办法》等，在专业建设、教学质量管理与评价、教学督导制度、学生评教制度等方面，形成了完善的教学管理规章制度保障体系，有力地推进了教学管理的制度化、规范化和科学化，为质量保障提供了有力的支撑。

2. 可持续改进的运行机制保障

金融系打造了宏观、中观、微观三大主体有效互动的可持续改进的保障人才培养质量的运行机制。

宏观——培养目标修订机制：金融系在财经学院的宏观指导下，根据学科发展期望、社会需求设定专业培养目标，培养过程的实施以实现培养目标为导向不断调整，经过专业培养的人才需要接受社会的检验，以满足社会对金融人才的需求，使社会需求成为影响培养目标调整的重要因素。

中观——人才培养实施环节：实现培养目标、培养过程、社会需求三者联动，培养过程主要在培养目标的指导下进行，并不断根据社会需求的变化调整自己的培养目标及培养方案。

微观——师生雇主互动机制：微观主体包括教师、学生以及雇主等。金融系通过学校年度质量报告、校友会、毕业生调查问卷等形式获得反馈评价，从而促进三大主体有效互动，以保证教师能够有效发挥其育才作用并不断提升自己，学生能够获得更加高效与全方位的指导，雇主能够充分发挥推动作用与引导作用，促进金融系的培养体系不断完善。

二、广师大金融人才培养改革的特点

（一）以问题导向为突破口构筑"三对接三实现"的人才培养质量提升体系

针对专业定位不清晰、学生能力体系错配、情怀担当尚不足三个典型问题，找准突破口，通过创建"校校协同、校地协同、校企协同"三协同育人新机制、"革新人才培养方案、优化师资队伍、调整课程体系、开设特色课程"新举措、"创新创业、课程思政、第二课堂"新途径（即三创新），实现应用型人才培养目标定位、实现优化学生能力体系、实现学生情怀担当（即三实现）。

（二）以"课程、课堂、课外、竞赛"四位一体的教学体系为依托构建了学生能力体系优化的全培养链

针对新文科建设背景下对金融人才新的培养要求，金融学专业通过以课程体系改革为抓手、以实践条件建设为基础、以创新创业为引领，实现实践与理论教学融合、人才培养与师资培养同步、高校人才培养与企业发展合作共赢的人才培养路径，以"课程、课堂、课外、竞赛"四位一体的教学体系为依托构建了学生能力体系（职业能力、普适性能力和学术能力等）优化的全培养链。学生在一系列国家和省级金融类专业竞赛中取得优异成绩，以及金融学专业获批省一流专业建设点、省特色专业建设点等，检验了成果的合理性和成效性。

（三）以相对稳定的组织制度保障和可持续改进的运行机制保障为抓手构建了比较完善的人才培养质量保障体系

金融系构建了涵盖"专业建设、教学质量管理与评价、教学督导制度、学生评教制度"等方面的完善的教学管理规章制度保障体系，在宏观角度的培养目标及时修订、中观角度的培养实施环节质量控制、微观角度三大主体有效互动的校内外全方位对接的运行机制体系，通过不定期向用人单位及毕业生校友调查相关信息，并对各类反馈信息进行综合诊断，提

出人才培养质量提升的改进方案。

三、广师大金融人才培养改革的成效

（一）形成了地方金融人才培养特色

为与研究型、教学研究型等高校的金融学专业形成错位发展格局，通过地方金融的教学与研究，努力形成人才培养特色。根据广东省金融发展实际，在广东省应用型本科高校中首次把"民间金融"研究融入到教学、教研和科研中。在教学上开设民间金融课程、出版《广东民间金融》《民间金融监管理论与实践》《广州民间金融街发展的理论与实践》等教材，其中《广州民间金融街发展的理论与实践》总结了一套民间金融发展的"广州经验""广州模式"，广州金融业协会认为该教材是"国内第一套专门针对民间金融领域的成果汇编"，"填补了国内民间金融研究空白"，评价极高。在科研上，积极开展广东省民间金融发展状况及改进路径调研，撰写了11篇研究报告，发表《政府公共服务与民间金融支持》等论文；与广州民间金融街开展了系列合作，在民间金融街建设了学生实习基地，开展了"金融街知识竞赛""民间金融标准研制"等多个课题研究，成功合作申报并开展了广东省互联网金融工程技术研究中心建设项目等。同时，在广州民间金融街建设了学生实习基地，联合培养服务地方经济发展的金融人才。

（二）金融人才培养成效显著

通过改革，使得专业的发展定位切合实际，学生的研究创新能力、情怀担当等综合竞争力得到明显提升，近三年学生参加全国性大赛获奖30项、省级大赛获得49项，19位毕业生考研成功。生源质量和就业质量都得以改善：学生招生入口上，2020年和2021年的理科录取最高分分别超过一本线11分和9分，2022年的文理科录取最高分首次同时超过一本线；学生毕业出口上，近三年初次就业率分别为94.63%、94.44%和94.35%，毕业生就业专业对口率达到70%。教学实践成果较为丰硕，金融学专业于2019年成功

获批省级特色专业建设点、2022年成功获批省级一流本科专业建设点等。以"民间金融"相关研究为载体的成果推广成效显著，教研成果具有全国性影响力。

（三）人才培养部分成果具有推广示范作用

（1）项目突出为应用型高校在结合社会需求培养应用型人才过程中课程体系的改革和适当调整起到示范作用，对教学改革的促进作用目前体现在人才培养体系的改革上，具体内容见《金融学专业人才培养方案（2023版）》。

（2）成果之一《新时代应用型本科高校金融人才能力体系及培养模式研究》，调研分析了新文科建设背景下应用型本科高校金融人才的能力体系构成，探讨了以课程体系重构为核心的高职本科一体化金融人才培养模式，以公开发表论文的方式供各高校参考交流。

（3）成果之一《高职本科一体化金融学专业教学标准研究》已运用于广东省金融专业"4+0"以及高本衔接"3+2"金融学专业建设与实践中。

（4）成果之一《广东民间金融研究》是一本属于教研性的教材，由吉林大学出版社出版，应用于金融学专业的民间金融课程，能够对研究地方金融、促进地方经济发展等起到很好的支撑作用。

（5）协同育人改革初见成效，与广州番禺职业技术学院以及广东邮电职业技术学院联合培养应用型金融人才，打通高职本科通道，对省内联合培养起到示范作用。成立CFA建制班，探索与市场接轨的国际化人才培养机制。

四、广师大金融学专业人才培养存在的不足

（一）专业定位与规划

从适应市场需求突出学生能力培养的角度，广师大金融学专业建设存在的主要问题是：以职教为核心的办学定位特色还没有完全体现出来，学校的办学定位是"面向职教、服务职教、引领职教、特色发展"，学校致力于培养高素质的职业教育师资和应用型高级专门人才。因此，金融学专业必须顺应时代发展的要求和职业教育改革的内涵，协调好高等职业教育与就业之间的积极互动关系，改革人才培养模式，调整人才培养目标，立足行业及区域社会经济发展，培养具有国际化视野的应用型专门人才。

（二）师资队伍

师资队伍存在以下问题：存在着专任教师虽然有相关的从业经验，但由于其从业时间相对久远，对现实的金融业变化缺乏了解和把握，不能及时将现实金融业务融入教学内容。现有的主讲教师基本上都是从"985工程""211工程"大学直接毕业的硕士、博士，理论知识相对较为丰富但实践经验缺乏，对现实的理解不够深刻具体，因此课堂教学的生动性不足，联系实际不够，案例教学不丰富。再就是目前还缺乏在省内具有一定影响力的学术带头人，尚未形成具有一定特色的科研团队和教学团队。

（三）课程建设与实践教学

在目前阶段，广师大金融学专业课程建设主要存在优质教学资源不足的问题：目前金融学专业只有一项省级精品课程——经济学和一项校级精品课程——证券投资分析；教学改革项目、教材立项也十分缺乏。本专业现有的优质教学资源不能满足特色化教学需要，要培养有本院特色的金融学专业本科人才，执行具有本专业特色的人才培养方案，如果能结合本专业教师自编的教材，教学效果会更好。但本专业教师自编教材数量较少，难以构成具有特色的一系列教材资源库。优质教学资源建设是一个统一的整体，包括教学团队、课程体系、教学内容、教学条件和管理等诸多要素。因此，在考虑优质教学资源建设时，必须要有整体的、全局的观念。实践教学体系存在以下问题：没有专门的金融学专业实验室，均依托于学校经管实验中心；校外实训基地使用效率不高；综合实训课程偏少；教师的实践教学能力有待提高。

（四）教学水平与质量

教学水平与质量存在以下问题：学生的实践动手能力不强；参加全国

性的学科竞赛和专业竞赛较少，获得国家级和省级的竞赛奖项偏少，需要进一步加强对学生参加学科竞赛和专业竞赛的指导，力争获得高层次的奖项；考研率有待于提升；学术研究能力不强等。

（五）教学效果与特色

培养具有较深理论功底、精湛专业技能、良好综合素质的应用型金融人才的人才培养目标清晰、适当且可行，但与同类高校之间的人才培养模式差异不是太明显，培养规格没有完全体现专业优势、学校特色和地区差异。

五、案例小结及建议

通过研究新科技革命冲击下的市场对金融人才需求的变化，探讨与之对应的金融学专业本科人才培养的具体要求，以广东技术师范大学金融学本科专业人才培养计划改革为例，提出在新科技革命冲击下的大背景下，从以教学内容创新和课程体系改革为抓手、以实践条件建设为基础、以创新创业为引领等方面提出相应的对策建议，积极构建并实施推进"点—线—面—体"的渐进式人才培养模式，通过知识点的切入、能力线的串联、素质面的构建，最终达到"强能力、重应用"的总体培养要求。注重学生专业理论知识和技能的培养，紧跟"互联网+"下的金融创新步伐，突出金融专业信息化系统和金融产品设计综合知识的教学与实践，适应社会需求，提出新科技革命冲击下金融学专业人才培养实现的保障机制，以培养出适应市场需求的应用型金融人才。

应用型金融人才的培养应满足时代发展和实践需要。在新科技革命的背景下，应用型本科高校应根据市场需求及时修订人才培养方案并做好相应的人才培养配套措施。第一，形成错位发展格局。做好市场对人才需求的调研，人才培养方案里适当增添有自己特色的课程元素，优化课程体系结构，形成自己的特色，与研究型本科高校形成错位发展格局。第二，重视和强化实践教学体系的构建和完善。充分利用产学合作机制，强化高校与金融机构的联系，把实验、实训和实习融为一体，充分利用教室、实验室、实习基地等实践教学平台，突出金融专业信息化系统、区块链技术、人工智能等综合知识的教学与实践。第三，优化教师队伍结构。重点打造双师型教师队伍，在本科生人才培养中尝试实行行业导师制，构建融专业教师和业界专家于一体的师资团队。第四，积极开展以创新创业为引领的第二课堂。通过开展第二课堂，比如科技学术与创新创业类活动，组织学生参与各种创业计划竞赛、科技学术竞赛，拓宽学生的视野，提升创新创业意识。

第二节　金融科技背景下课程建设
——以广师大省级一流本科课程金融学为例

金融学是一门研究金融领域各要素及其基本关系与运行规律的专业基础理论课程，3学分，属于专业教育课，是金融学专业的统帅性理论课，也是财经学院各专业本科生的主干课程之一。在该课程中融入金融思政经典主题故事，引领学生从政治认同、国家意识、文化自信等方面提升金融素养，发挥金融学专业的启航作用。通过课堂教学将金融职业素养与情感认同、能力培养与价值引领有机融合，全方位、全过程呈现出学生与学生互动、老师与学生共享的金融学专业知识与价值温度，厚植家国情怀，全面落实立德树人根本任务。

一、课程建设历程及特色

（一）本课程建设历程与成效

广东技术师范大学的金融学课程随着金融学专业的开设就开始开课和建设。金融学专业自20世纪50年代即开设，为广东、广西、海南培训金融管理干部与业务骨干，此前为货币银行学。自2008年开展金融学专业本科教育开始，货币银行学变革为金融学。近年来基于学校定位与优势不断拓展金融学专业特色化发展，调整金融教学模块，构建以"货币、信用和银行"为主线的课程知识体系，强化课程思政"润物无声"的作用，在财经类学生中开展金融学课程，普及金融知识。金融学课程的一系列改革措施与成效，有效支撑了金融学专业先后获批为省级特色建设专业（2019年）和省级一流建设专业（2021年），金融学课程也被评为广东省一流本科课程（2023年）。金融学课程的建设历程如图6.1所示。

图6.1　金融学课程的建设历程

目前，以超星学习通平台为基础，金融学课程已建设涵盖本课程所有内容的翔实的教案、习题以及相关教学视频等资源，并出版了"注重业态发展、体现时代特征、注重立德树人"的金融学教材。同时，结合金融发展实际，开展了多项教改项目，其成果为金融人才培养目标、课程教学方法改革、课程标准的制定等奠定了基础。体现在学生培养方面，2020—2022年，金融系学生参加全国性大赛获奖30余项、省级大赛获奖49项；学生招生入口上，2020年和2021年的理科录取最高分分别超过一本线11分和9分，2022年的文理科录取最高分首次同时超过一本线（见表6.1）；近三年初次就业率都在94%以上，就业专业对口率达70%等，都有金融学课程的贡献。有助于教学质量的提升，金融学专业学生考研升学的比例也在逐年提高。

表6.1　2020—2022年金融学专业招生分数情况表

年份		2020		2021		2022	
专业		文科	理科	文科	理科	文科	理科
金融学	金融学专业平均录取分数	527.61	524.12	538.4	532.6	526.1	531.3
	当年广东省二本线	430	410	448	432	437	445
	平均高出当年二本线分数	97.61	114.12	90.4	100.6	89.1	81.3
	金融学专业当年招生最高分	535	535	545	548	536	545
	当年广东省一本线	536	524	548	539	532	538
	平均分与当年一本线的差距	−8.39	+0.12	−9.6	−6.4	−5.9	−6.7
	最高分与一本线的差距	−1	+11	−3	+9	+4	+7
	金融学专业当年招生最低分	523	518	533	524	523	527

（二）课程特色

紧扣"两性一度（高阶性、创新性、挑战度）"的建设内涵，本课程的主要特色主要体现为：

（1）课程目标：聚焦"能力+知识+素质"三位一体目标（见图6.2）。以思政为引领，坚持思政与课程同向同行，对接新时代金融人才的能力要求，同步学校办学定位，金融学课程致力于学生"问题分析能力、专业能力和终身学习能力"的能力目标、"货币+信用+银行"为主线的金融学专业知识目标、掌握金融学基本原理和方法的专业素质，以及遵守职业道德、在金钱利益面前不动摇的职业素质。

[图示：三角形分为"知识""能力""素质"三部分，标注"高阶性"]

- 知识："货币+信用+银行"为主线辅以宏观金融调控（中央银行、货币政策、货币供求、通货膨胀、金融发展、金融风险防范）
- 能力：金融问题分析能力；货币、信用、金融机构与金融发展与货币政策判断能力；由金融学习方法转向人文理工等终身学习能力
- 素质：具备"掌握金融学基本原理和方法"的专业素质和"遵守职业道德、在金钱利益面前不动摇"的职业素质

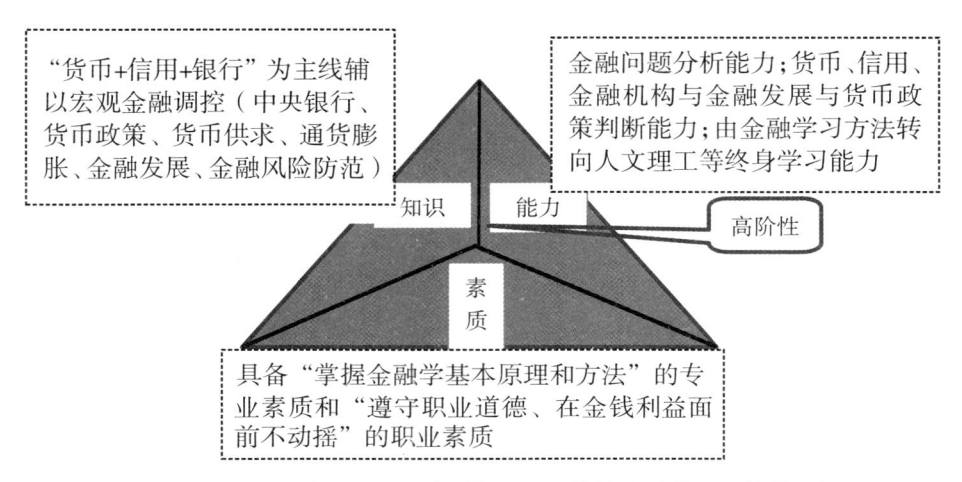

图6.2　聚焦"能力+知识+素质"三位一体的金融学课程教学目标

（2）教学过程：线上、线下混合式（见图6.3）。设计"金融基本原理线下阐述+经济金融现实线上分析"的线上、线下切换，"金融要点课前发布、金融要点课中研讨、金融练习课后完成"的课前、课中、课后连贯，金融案例实行个体学习与小组学习结合，生生、师生多重交互，教师任务驱动引导，学生自主探索的混合式教学过程，保证教学顺利开展。

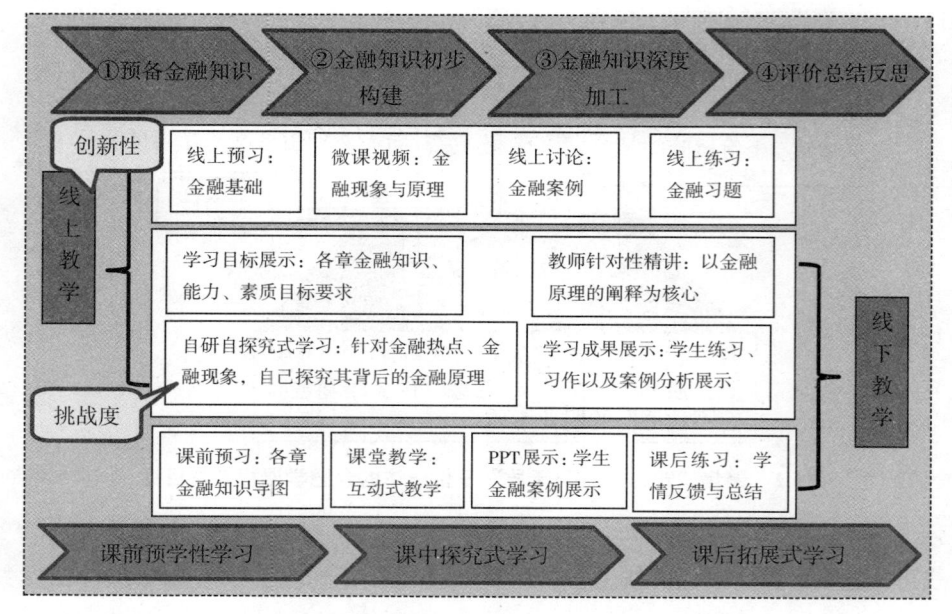

```
①预备金融知识 → ②金融知识初步构建 → ③金融知识深度加工 → ④评价总结反思

线上教学（创新性）：
- 线上预习：金融基础
- 微课视频：金融现象与原理
- 线上讨论：金融案例
- 线上练习：金融习题

线下教学（挑战度）：
- 学习目标展示：各章金融知识、能力、素质目标要求
- 教师针对性精讲：以金融原理的阐释为核心
- 自研自探究式学习：针对金融热点、金融现象，自己探究其背后的金融原理
- 学习成果展示：学生练习、习作以及案例分析展示
- 课前预习：各章金融知识导图
- 课堂教学：互动式教学
- PPT展示：学生金融案例展示
- 课后练习：学情反馈与总结

课前预学性学习 → 课中探究式学习 → 课后拓展式学习
```

图6.3 基于线上、线下混合式的教学过程

（3）课程内容：与时俱进思政同行。结合新时代市场对金融人才需求的实际情况，在课堂上融入思政元素，把立德树人融入课程，将培养学生正确的价值取向做到"润物细无声"。

在课程效果和影响力方面，本课程作为金融学专业的专业基础核心课程，对金融人才的培养和专业的发展起到至关重要的作用。本课程的一系列改革措施与成效，有效支撑了金融学专业先后获批为省级特色建设专业（2019年）和省级一流建设专业（2021年），使得本课程被认定为广东省线下一流本科课程（2023年）。

二、课程总体设计和具体思政设计

（一）总体设计（见图6.4）

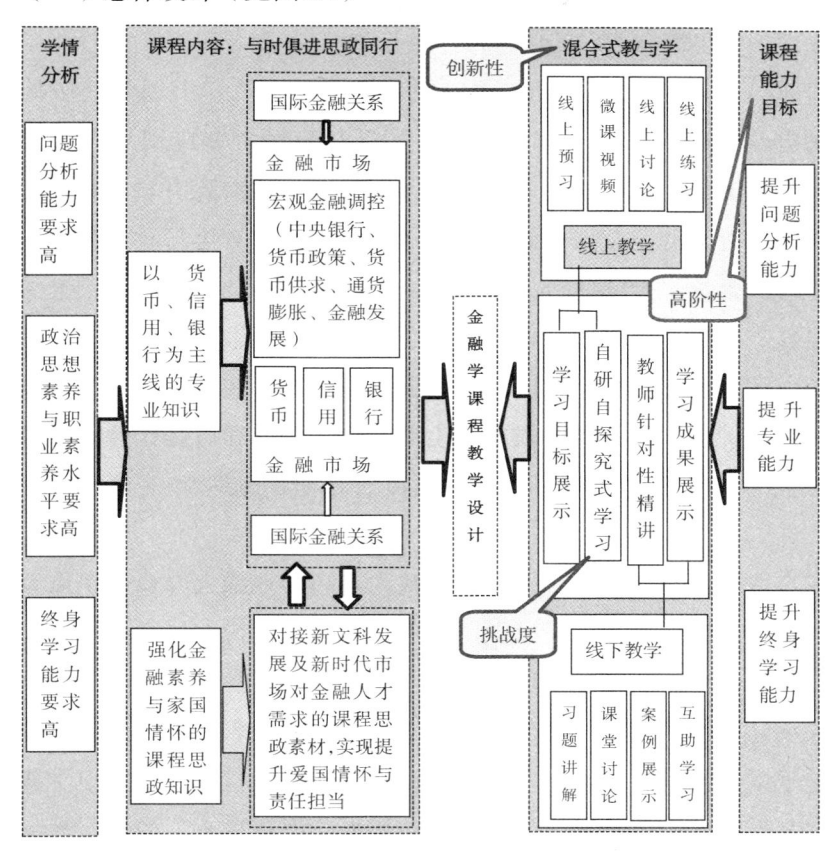

图6.4　金融学课程教学设计

1. 贯穿以学生为中心、以成果为导向的OBE（outcome based education）教育理念

本课程"以学生发展为中心、以学习成效为导向"的教学模式，关注"学生们怎样学，学得如何"的问题：课前，金融学课程团队依据金融学课程学习目标，在课堂中有效利用学习通等教学类App发布课前预习任务；课中，金融学课程教学团队充分利用教室管理系统中的各种设备，整合各

种教学资源，利用MOOC等软件和硬件，结合金融案例与学生深入互动，提升金融学教学质量；课后，金融学课程教学团队布置金融复习题和拓展学习内容，对答题结果予以及时发布并及时调整金融学教学方案。

2. 聚焦学生综合能力的课程目标

广东技术师范大学坚持"面向职教、服务职教、引领职教、特色发展"的办学定位，致力于培养高素质职业教育师资和应用型高级专门人才。作为金融学专业的核心课程，本课程以思想政治为引领，坚持思政与专业同向同行，遵循金课内涵"高阶性"的特征，对接新时代金融人才的能力要求，聚焦学生问题分析能力、专业能力和终身学习能力三维综合能力的培养。准确反映我国金融改革、金融监管、金融市场发展、利率变化以及货币政策改革等金融状况。通过采用专栏的形式补充一些最新金融发展趋势和案例，以增强教学内容的生动性、实用性和可操作性，通过对最新金融业态的介绍，让学生能够多角度、更全面地理解金融原理和发展趋势。

在选取合适教材的基础上，把思政内容巧妙地融入专业知识体系。根据金融学的知识体系特征，以点（货币、信用、银行三点主线）带面（金融学专业知识板块）构建层层递进、前后有机联系的金融知识讲授框架，形成三大主线为主体的包含全部章节内容在内的课程思政的具体培养目标。鉴于以往教材重知识、轻思政的特点，以及在目前既重知识又重思政的时代背景下，学校选取了强调"立德树人、课程思政"的最新教材，该教材也是广东技术师范大学金融系老师集体智慧的结晶。

该课程强化以学生为中心的教学理念，以培养学生金融应用分析能力，树立正确的世界观、价值观为导向，提高混合教学与学生自主学习的黏合度，在课程大纲、教学内容安排、课件等方面，充分调动学生的兴趣点，将金融热点知识、兴趣知识点、基础重难点知识与课程思政等融会贯通，形成与培养目标对应的授课教学体系（见图6.5）。

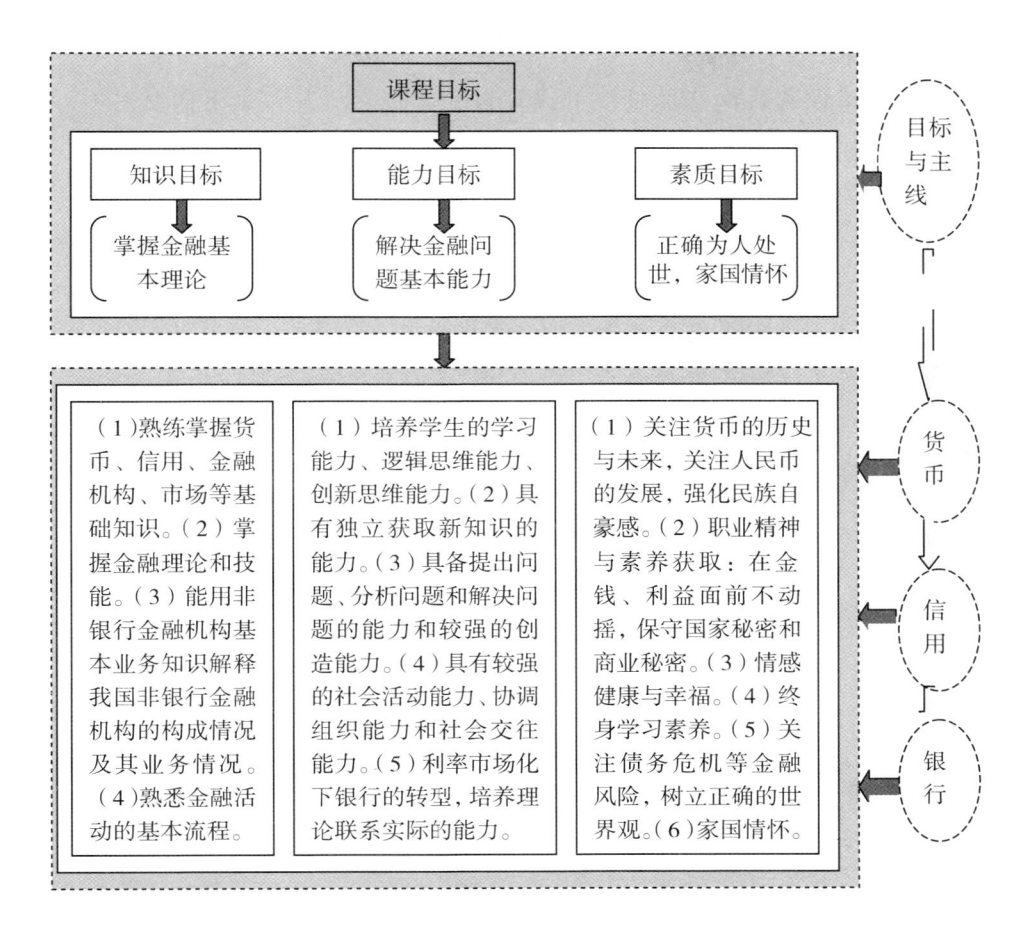

```
┌─────────────────────────────────────────────────────────────┐
│                        ┌──────────┐                          │      ╱────╲
│                        │ 课程目标 │                          │     ( 目标 )
│                        └────┬─────┘                          │ ←── ( 与主 )
│            ┌────────────────┼────────────────┐               │     ( 线   )
│       ┌────┴────┐      ┌────┴────┐      ┌────┴────┐         │      ╲────╱
│       │ 知识目标│      │ 能力目标│      │ 素质目标│         │
│       └────┬────┘      └────┬────┘      └────┬────┘         │
│       ┌────┴────┐      ┌────┴────┐      ┌────┴────┐         │
│       │掌握金融基│      │解决金融问│      │正确为人处│         │
│       │本理论   │      │题基本能力│      │世，家国情怀│       │
│       └─────────┘      └─────────┘      └─────────┘         │
│            │                                                 │
│            ▼                                                 │
│ ┌──────────────┬──────────────┬──────────────┐              │      ╱────╲
│ │(1)熟练掌握货 │(1)培养学生的 │(1)关注货币的 │              │ ←── ( 货币 )
│ │币、信用、金融│学习能力、逻辑│历史与未来，关│              │      ╲────╱
│ │机构、市场等基│思维能力、创新│注人民币的发展│              │
│ │础知识。(2)掌 │思维能力。(2) │，强化民族自豪│              │
│ │握金融理论和技│具有独立获取新│感。(2)职业精 │              │      ╱────╲
│ │能。(3)能用非 │知识的能力。(3)│神与素养获取：│              │ ←── ( 信用 )
│ │银行金融机构基│具备提出问题、│在金钱、利益面│              │      ╲────╱
│ │本业务知识解释│分析问题和解决│前不动摇，保守│              │
│ │我国非银行金融│问题的能力和较│国家秘密和商业│              │
│ │机构的构成情况│强的创造能力。│秘密。(3)情感 │              │      ╱────╲
│ │及其业务情况。│(4)具有较强的 │健康与幸福。(4)│              │ ←── ( 银行 )
│ │(4)熟悉金融活 │社会活动能力、│终身学习素养。│              │      ╲────╱
│ │动的基本流程。│协调组织能力和│(5)关注债务危 │              │
│ │              │社会交往能力。│机等金融风险，│              │
│ │              │(5)利率市场化 │树立正确的世界│              │
│ │              │下银行的转型，│观。(6)家国情怀│              │
│ │              │培养理论联系实│。            │              │
│ │              │际的能力。    │              │              │
│ └──────────────┴──────────────┴──────────────┘              │
└─────────────────────────────────────────────────────────────┘
```

图6.5　课程目标

3.课程适用对象

金融学课程是金融学专业的核心课程，也是金融学专业的基础性课程，金融学基本理论与核心内容在前置课程如政治经济学、微观经济学、宏观经济学等课程的基础上才能得以更好的消化和理解，因此，本课程适合金融学专业大学二年级学习。同时，为提高金融素养，金融学课程也可以作为非金融学专业的比如广东技术师范大学理工类、教育艺术类、法学类等专业的必修或选修课程，因此，开课具备专业广、学生人数多的特点。

4. 选取的课程内容

金融学课程在内容的选取上，契合了"新文科"背景下的交叉与融合、协同（见图6.6）。

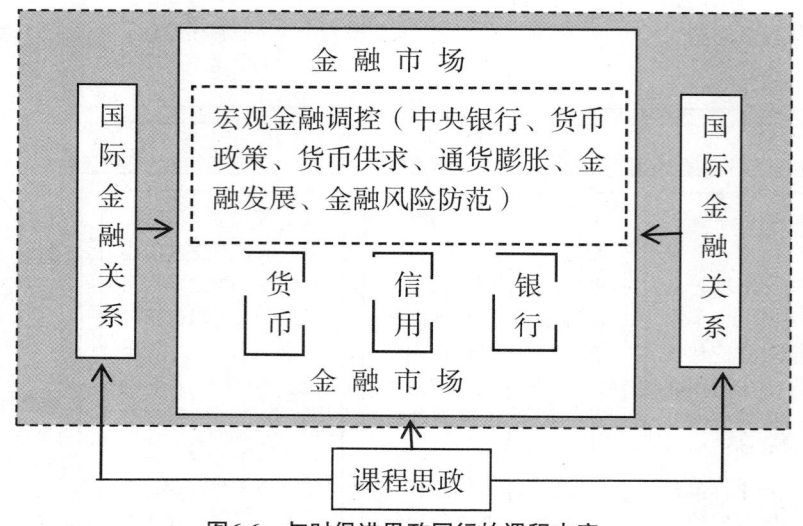

图6.6 与时俱进思政同行的课程内容

共享的课程内容设计：课程内容以"货币、信用与银行"为主线，以金融市场、金融中介及与之密不可分的国际金融要素为载体，以货币政策与金融调控为主要手段，以深化金融改革、防范和化解金融风险为出发点和归宿点的时序安排和逻辑联系进行内容安排，有机融合了学生金融问题分析能力、金融学专业能力和终身学习能力的培养，体现出课程内容选择的高阶性。在创新性上，金融学课程内容开始部分都包括了"知识目标""能力目标""知识导图"以及"案例导入"，让学生能明确学习重点，激发学习兴趣；在课程内推中穿插了"课程思政""专栏"等模块，把立德树人融入课程，将培养学生正确的价值取向做到"润物细无声"。在课中和课后都设置了相应的探究思考题，强化学生通过自己的独立思考来理解金融现象背后的金融原理，体现课程内容的挑战性。

5. 课程学习资源与使用

在学习通构建金融学课程资源：以超星学习通为主要的辅助教学手段，已建成课后习题419道，教学课件13个，课程思政等学习资料15套等，可以有效帮助学生重复学习课程内容。课程学习资源的使用贯穿课前、课中和课后，课前学生利用教学视频库与课件库预习新知识；课中结合学习任务库、思维导图库、案例库等完成小组任务，实现知识内化；课后学生通过拓展资源库、案例库和习题库完成学习任务，实现知识巩固与迁移，期末利用试卷库进行模拟练习并完成期末考试。

6. 课程的组织实施

金融学课程教学团队采取师生、生生多重交互模式：课前和课后通过超星学习通等教学平台，解答学生预习金融新知识以及完成课后任务的疑惑；课中通过小组合作任务驱动，实现组内学生的讨论交流，通过展示评价环节，实现组间以及师生的互动，分享学习成果，推动共同学习和共同进步，促进知识内化。通过各章节的练习等过程性考核，根据学生对金融学知识的理解与掌握情况，对金融学的教学内容和课程资源进行微调，适时改进教学方式，通过师生、生生多重交互的模式有效地提高学生的参与度，提升金融学的教学成效（见图6.7）。

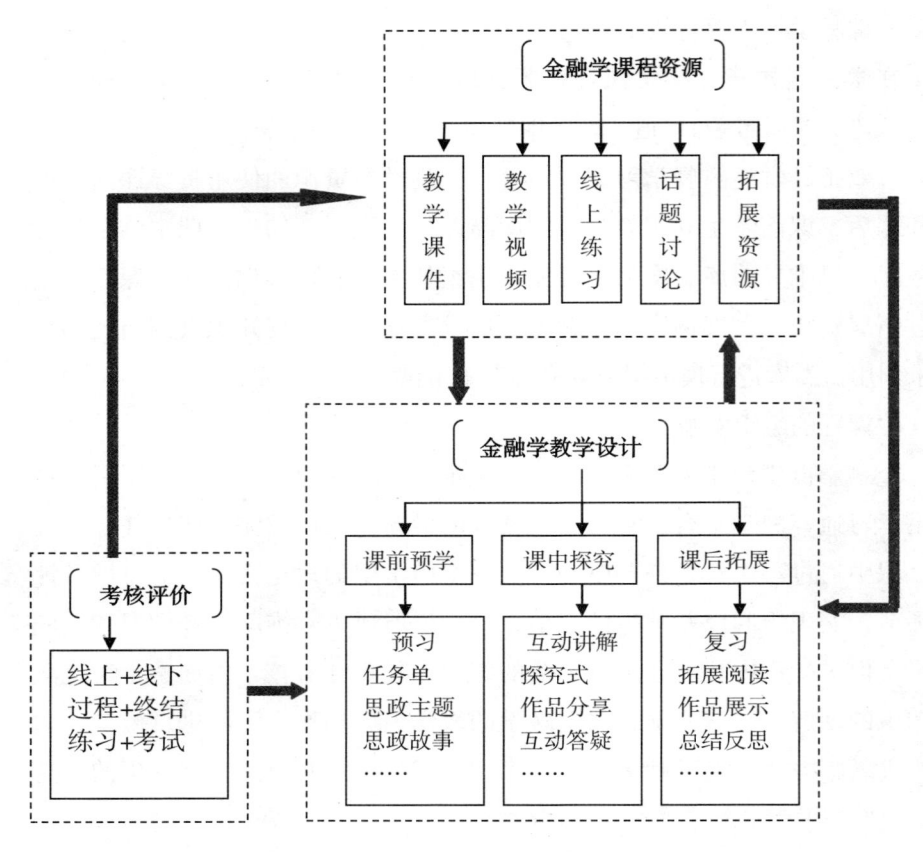

图6.7 师生、生生多重交互模式及时反馈的教学组织实施

（二）课程思政具体设计

1. 课程思政设计思路

本课程选用的教材思政内容丰富，在正常教学秩序下就可以做到多层次、多角度培养学生增强其金融职业素养与家国情怀，真正体现"课程思政，润物无声"（见图6.8）。

课程思政主线	案例导入	启发与思考	课堂研讨
货币：人民币加入SDR	人民币史诗级变革，数字货币试点真的来了	纸币价值的背后依靠一个国家的实力，没有强大的国家实力，其货币可能一文不值	人民币加入SDR对我国的伟大复兴有什么影响
信用：儒家"五常"——仁、义、礼、智、信	华为管理者的诚信经营哲学	人无信不立，对一个国家、一个民族都是至关重要的	《论语》"信"与现代经济学上的信用有何相似之处？诚信，需从我做起
银行：北海银行及北海币的发行	2007年爆发的美国次贷危机	金融机构的稳健经营对国家的经济发展有很大的积极影响，否则其破坏力也必将很大	查阅更多的红色金融与金融史，谈谈如何坚定理想信念，增强道路自信

图6.8 以课程内容"货币—信用—银行"为主线的课程思政设计

在整个教学过程设计方面，通过金融与思政主题紧密融合的课堂互动、线上学习目标和问题导向及任务单等整体教学设计，引经据典，导入生动有趣的金融故事或案例、穿插经典金融视频，课前、课中、课后各个环节多层次、多角度将金融知识与思政相互融合，培养学生形成良好的学科价值认同、职业精神与素养、情感健康与幸福、终身学习意识、关注金融发展的历史与未来。在教学方法方面：采用互动讲解、探究式、拓展及应用情境、翻转课堂、问题导向等灵活有效的教学方法，以分组任务、微评论、金融思政主题学习启示感悟及收获、学习成果课件展示分享等学生为主体的教学形式，增强学生课堂与线上学习的兴趣性，提高其学习成效，激发其深度学习，使学生学有所感、学有所获，厚植家国情怀，强化责任担当。

2.课程思政的主要渗透点

金融学的课程思政内容紧紧围绕政治认同、家国情怀、文化素养、宪法法治意识、道德修养等进行课程安排。帮助学生了解金融学专业和金融行业的国家战略、法律法规和相关政策，引导学生深入社会实践、关注金融经济等社会现实问题，培育学生经世济民、诚信服务、德法兼修的金融学专业职业素养（见图6.9）。

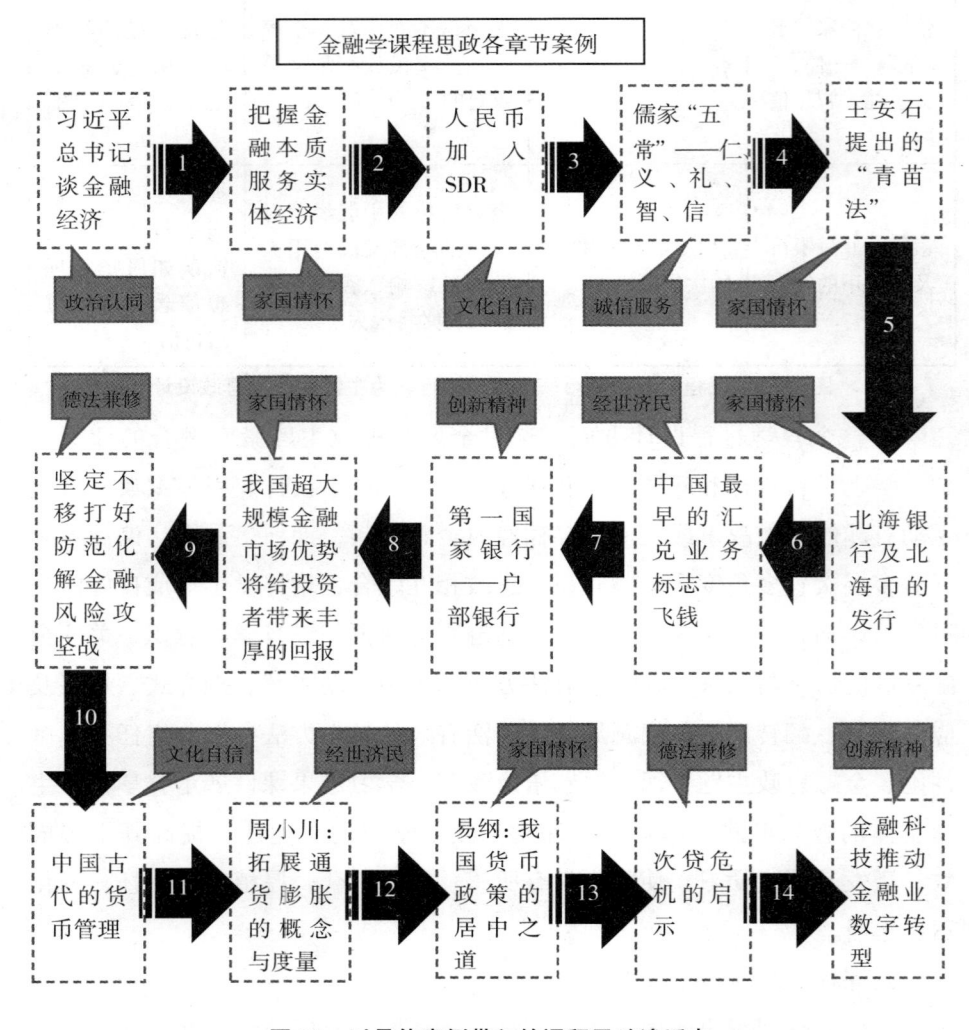

金融学课程思政各章节案例

1. 习近平总书记谈金融经济 —— 政治认同
2. 把握金融本质服务实体经济 —— 家国情怀
3. 人民币加入SDR —— 文化自信
4. 儒家"五常"——仁义、礼、智、信 —— 诚信服务
5. 王安石提出的"青苗法" —— 家国情怀
6. 北海银行及北海币的发行
7. 中国最早的汇兑业务标志——飞钱 —— 经世济民
8. 第一国家银行——户部银行 —— 创新精神
9. 我国超大规模金融市场优势将给投资者带来丰厚的回报 —— 家国情怀
10. 坚定不移打好防范化解金融风险攻坚战 —— 德法兼修
11. 中国古代的货币管理 —— 文化自信
12. 周小川：拓展通货膨胀的概念与度量 —— 经世济民
13. 易纲：我国货币政策的居中之道 —— 家国情怀
14. 次贷危机的启示 —— 德法兼修
15. 金融科技推动金融业数字转型 —— 创新精神

图6.9 以具体案例带入的课程思政渗透点

3. 课程思政的实施方式

第一步，课前试练。

提前布置任务，通过问题导向、知识架构、分组任务、作品展示等形式导航学习目标，要求学生提前观看线上教学平台的案例教学视频，预习教学课件，并提前布置下节课的思考题和作业，使学生的学习有的放矢，启发学生进行深入思考。

第二步，课中点兵。

依据课前提供的教学大纲，体现"以学生为中心"，通过导入金融思政故事与微视频，紧扣国际经济、金融时事热点，以分组任务、微评论、金融思政主题学习成果作品分享、互动答疑、抢答、问卷、章节测验、选人等多样化形式调动学生学习的主动性、参与性，循循善诱地引导学生运用金融学知识进行讨论，指导学生一步步深挖金融学相关的时事热点问题背后的逻辑及根源，让学生在接受金融学专业授课的同时，真正做到理论的活学活用，助力学生树立正确的世界观、人生观及价值观。

第三步，课后巩固。

课后布置结合时事热点的主题化讨论，布置同步练习、金融思政主题所感所思及互动分享任务，借此引导学生对身边的新闻热点进行自主性思考。

4. 课程思政育人成效

课程思政润物无声与专业知识的良好结合，对学生的理论知识、家国情怀和综合素质的提升起到了良好的作用，也获得了良好的成效。2020—2022年80余人次在全国大学生金融精英挑战赛、全国大学生金融科技创新竞赛、"一带一路"暨金砖国家技能发展与技术创新大赛之金融科技创新应用能力赛、广东省大学生"专业-行业-就业人才需求分析"大赛等各种大赛中获得国家、省级奖项。学生的问题分析能力、科研能力综合素质等都得到了提升。麦可思的调查显示，金融学专业毕业生思想品德好、专业知识扎实、实践动手能力强、工作能力与水平强、创新精神和团队协作精神好、综合素质高，受到用人单位的一致好评。

三、教学内容（见表6.2）

表6.2　金融学的教学内容

课程学分：3学分	共16个教学周，每周1次课		每次课3学时
教学周次	课时安排	教学进度（章节讲/知识单元）	课程思政点及融入方式	信息技术辅助手段

教学周次	课时安排	教学进度（章节讲/知识单元）	课程思政点及融入方式	信息技术辅助手段
1	3	第一章　导论 1.金融范畴形成与演变的过程 2.金融学的含义 3.金融学的研究对象	思政点：政治认同 思政融入方式：小组讨论 思政案例：习近平总书记谈金融经济	通过网易公开课理解金融课程的学习态度https://open.163.com/newview/movie/courseintro?newurl=RFVPJCB6J 讨论思政案例中"切实把维护金融安全作为治国理政的一件大事，扎扎实实把金融工作做好"对国家的重要性
2	3	第二章　货币与货币制度 1.货币的产生与发展 2.货币的本质、定义、职能与作用 3.货币制度	思政点：家国情怀 思政融入方式：资料阅读与讨论 思政案例：把握金融本质提升爱国情怀	浏览中国新闻网2019年2月23日《习近平主持中共中央政治局第十三次集体学习》
3	3	第三章　国际货币体系与汇率制度 1.国际货币体 2.外汇 3.汇率与汇率的决定 4.汇率制度	思政点：文化自信 思政融入方式：材料分析 思政案例：文化自信：人民币加入SDR	分析知网论文：贺刚，朱淑珍，杨一帆，方媚柔.金融类专业的课程思政建设——以"外汇交易实务"课程为例
4	3	第四章　信用与信用工具 1.信用及其与货币的联系 2.信用的产生与发展 3.现代信用形式 4.信用工具	思政点：诚信服务 思政融入方式：分组讨论 思政案例：儒家五常夯实诚信精神，华为管理者的诚信经营哲学；假币对社会的危害	从百度文库中搜索《信用》，讨论《论语》中的"信"与现代经济学上的信用有何相似之处？假币的影响

续表

课程学分：3学分		共16个教学周，每周1次课		每次课3学时
5	3	第五章 利率及其决定 1.利息 2.利率及其分类 3.利率的度量 4.利率的决定 5.利率的作用	思政点：家国情怀 思政融入方式：互动提问 思政案例：王安石提出的青苗法	知网下载论文：傅允生.制度变迁与经济发展：王安石青苗法与免役法再评。并思考青苗法中的措施反映了利率的什么作用
6	3	第六章 金融中介体系 1.金融中介及其包含的范围 2.西方国家的金融中介体系 3.中国的金融中介体系 4.国际金融机构体系	思政点：家国情怀 思政融入方式：视频学习 思政案例：北海银行及北海币的发行与民族自信	视频播放北海银行及北海币的发行与民族自信
7	3	第七章 商业银行 1.存款货币银行的产生与发展 2.商业银行的负债业务 3.商业银行的资产业务 4.商业银行的中间业务 4.全面理解商业银行的经营原则与管理 5.商业银行的经营原则与管理 6.中国商业银行的发展	思政点：经世济民 思政融入方式：史料研读 思政案例：中国最早的汇兑业务飞钱提升服务意识、巴黎银行的倒闭与职业操守	超星学习通查看资料，思考：飞钱与现在的银行汇票有什么相同之处
8	3	第八章 中央银行 1.中央银行的产生及类型 2.中央银行的性质与职能 3.中央银行的业务 4.中央银行制度的类型 5.中国中央银行的发展	思政点：创新精神 思政融入方式：视频学习 思政案例：第一国际银行户部银行提升创新精神	视频学习思政案例：第一国际银行户部银行提升创新精神

续表

课程学分：3 学分		共 16 个教学周，每周 1 次课		每次课 3 学时
9	3	第九章 金融市场 1. 金融市场及其要素 2. 货币市场	思政点：德法兼备 思政融入方式：资料分析 思政案例：法治教育、发展辩证	网上搜索金融市场风险对国人财富的损失
10	3	第九章 金融市场 3. 资本市场 4. 衍生工具市场 5. 投资基金 6. 外汇市场 7. 黄金市场	思政点：家国情怀 思政融入方式：资料学习 思政案例：我国超大规模市场优势	视频播放我国资本市场的起源与发展及发展过程中遇到的各种问题
11	3	第十章 货币供求与货币均衡 1. 货币需求概述 2. 货币需求理论 3. 货币供给及统计口径	思政点：德法兼备 思政融入方式：视频学习 思政案例：打好化解金融风险攻坚战	运用超星学习通分析金融风险带来的可能危害，理解金融为何要按规章办事，不能冒进
12	3	第十一章 货币供求与货币均衡 4. 存款货币的创造 5. 中央银行体制下的货币创造过程 6. 货币均衡与货币失衡	思政点：文化自信 思政融入方式：材料学习 思政案例：中国古代的货币管理	视频播放中国古代的货币管理，从中理解我国悠久的文化及对世界的贡献
13	3	第十二章 通货膨胀与通货紧缩 1. 通货膨胀及其度量 2. 通货膨胀的成因及其治理 3. 通货紧缩	思政点：经世济民 思政融入方式：互动提问 思政案例：周小川谈通胀理论联系实际	视频播放周小川谈通胀理论联系实际
14	3	第十三章 货币政策 1. 货币政策及其目标 2. 货币政策工具	思政点：经世济民 思政融入方式：视频学习， 思政案例：易刚谈货币政策	视频学习思政案例：易刚谈货币政策

续表

课程学分：3学分		共16个教学周，每周1次课	每次课3学时
15	3	第十三章 货币政策 2.货币政策工具 3.货币政策效应	思政点：德法兼备 思政融入方式：视频学习 思政案例：次贷危机的本质与理想信念的背离	视频学习思政案例：次贷危机的本质与理想信念的背离
16	3	课程总结与复习	思政点：创新精神 思政融入方式：分组讨论 思政案例：金融科技与数字转型	运用超星学习通完成金融科技与金融创新的启示

四、课程应用及评价情况

1.校内应用情况

对标"新文科"与金融学专业国家标准，及时修订和调整金融学课程教学内容，本课程已应用于从2018级开始连续开办的金融学专业四年制本科协同育人（4+0）联合培养班以及CFA实验班、从2020级开始连续开办的金融学专业三二分段协同育人（3+2）班的教学过程中。团队教师每年都开设有金融学校内公选课，对非金融学专业学生提升金融素养起到了很大的作用。

2.校外应用情况

结合《金融学》教材的出版，本课程的课程内容与思政案例融合模式已经应用于湖南工商学院、湖南外国语学院等院校金融学专业的教学过程中，课程模式供省内外高校借鉴参考。

3.成绩评定方式以及课程考核评价方法

（1）成绩评定方式：成绩评定方式采取30%平时成绩+70%期末成绩的方式，具体见图6.10。

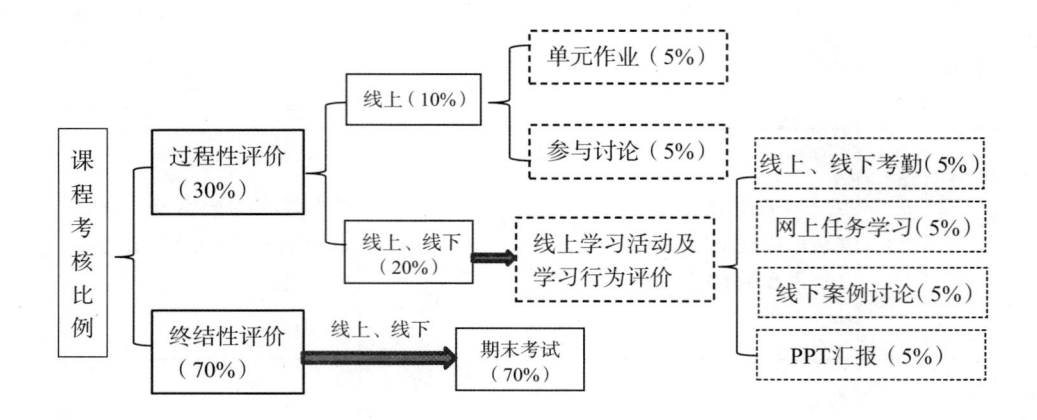

```
课程考核比例
├── 过程性评价（30%）
│   ├── 线上（10%）
│   │   ├── 单元作业（5%）
│   │   └── 参与讨论（5%）
│   └── 线上、线下（20%） → 线上学习活动及学习行为评价
│       ├── 线上、线下考勤（5%）
│       ├── 网上任务学习（5%）
│       ├── 线下案例讨论（5%）
│       └── PPT汇报（5%）
└── 终结性评价（70%） 线上、线下 → 期末考试（70%）
```

图6.10　课程考核比例构成图

（2）课程考核评价方法：具体考核评价方法也见图6.10。基本体现出以下特点：首先，教学评价标准多元，既对学生所获知识和技能进行评价，也对态度、习惯、方法和团队合作等能力做出评估。其次，教学评价形式多元，采用线上与线下、过程与结果、个体与团体相结合的评价形式。在过程性评价（30%）中既有基于超星平台的云数据对学习行为的统计分析评价学生的学习态度、学习习惯及学习投入度（个体评价），还辅以线下课堂的表现完成评价学生的知识应用能力和方法能力（个体评价）及小组PPT汇报（团体评价）；最后以期末考试的方式完成终结性评价（70%）（个体评价）。

4.实际成效

包括《金融学》教材在内的课程资源系统全面、丰富实用、更新及时；课程内容生动具体，有利于学生课后自学；课程学习实现了线上、线下的有机结合，以学生为中心的课程教学模式充分发挥了学生在学习中的主导作用，调动了学生的学习积极性，学习效果好。

（1）课程教学改革助力其他课程和金融学专业的发展。作为金融学专业的统帅性基础课程，本课程的一系列包括教学方法的创新、教学内容的调整、课程思政的运用等教学改革，助力国际金融、证券投资学、财务管理学以及经济学等课程发展成为校级、省级精品课程以及省级一流课程等，同时，也助力金融学专业获评为省级特色专业以及省级一流专业建设点，对金融学专业的发展起到了不小的作用。

（2）良好的育人模式助推学生成才。学生整体反馈良好，金融学课程思政实践，不仅帮助同学们树立中国特色社会主义核心价值观，同时还培养了同学们的爱国主义自豪感和家国情怀，引导当代青年大学生自觉肩负新时代"新青年"的责任和担当。2020—2022年，助力金融系学生参加全国性大赛获奖30余项、省级大赛获奖49项，也助力金融学专业招生质量的提高以及毕业生质量的提高。

（3）课程教学改革助力教师成长发展。金融学的课程改革促进了教学相长，教学团队也获得了成长，取得了不错的成绩：2020—2022年教学团队成员获得校级教学成果奖二等奖，主持了省级以上教改项目18项，出版了教材5部；有成员获得了"广州市金融科普名师"称号、2022年全国"田家炳杯"全日制教育硕士专业学位研究生（职业技术教育领域）教学技能大赛优秀指导教师奖，首次获得国家社科基金资助等，都与金融学的课程教学改革有着不可分割的内在关联。

五、课程主要的创新点

紧扣"两性一度（高阶性、创新性、挑战度）"的建设内涵，本课程的主要创新点体现为：

（一）聚焦学生综合能力培养课程目标的高阶性与教学方法的创新性

课程采用"问题启发式+互动讲授式+案例讨论式"相结合的讲授方法，通过线上、线下混合式教学，强化学生的中心地位，提升学生的主动性和培养学生独立思考问题的习惯，提升通过金融现象剖析金融内在原理的知识获得感。

金融学课程聚焦"能力+知识+素质"三位一体目标，以思政为引领，坚持思政与课程同向同行，对接新时代金融人才的能力要求，同步学校办学定位，致力于学生"问题分析能力、专业能力和终身学习能力"的能力目标、"货币+信用+银行"为主线的金融专业知识目标、"具备金融专业素质及遵守职业道德的职业素质"的素质目标。把学生能力、专业知识与专业素养紧密结合在一起，体现出金融学培养目标的高阶性。

（二）创设混合式教学过程及思政同行课程内容的创新性

课程内容以"货币、信用与银行"为主线，以金融市场、金融中介及与之密不可分的国际金融要素为载体，以货币政策与金融调控为主要手段，以深化金融改革、防范和化解金融风险为出发点和归宿点的时序安排和逻辑联系进行内容安排，并辅以特色鲜明的课程思政内容，符合新时代背景下培养符合市场需求的金融人才的内在要求。

设计线上、线下切换，课前、课中、课后、连贯，个体学习与小组学习结合，生生、师生多重交互，教师任务驱动引导，学生自主探索的多阶段混合式教学过程，保证教学顺利开展。在教学内容上，结合新时代人才需求及金融经济管理的实际工作流程、融入思政元素、注入最新的教科研成果，及时调整和安排本课程的教学内容，进而创设学习情境、形成学习任务，激发学生学习的积极性等，体现出金融学课程在人才培养过程中及内容上的创新性。

（三）自研自探究式知识获取内在化所创设的课程挑战度与评价方式的创新性

金融学课程并不是所有知识点、所有金融原理都由教师团队全盘灌输，而是需要学生自己积极思考，针对金融热点、金融现象，自己探究其背后的金融原理，形成自研自探究式学习方式。金融学课程构建了"双线融合-三阶递进"的混合教学模式：以线下夯实金融原理与线上解析现实案例的双轨衔接为基础，通过"课前预研核心要点、课中深度专题研讨、课后实践强化训练"形成连贯的学习闭环；在教学过程中，以个体研读为起点，拓展至小组协作探究，结合师生互动与生生互鉴的多维交互场景，依托任务驱动式教学设计，引导学生通过"探跳式学习"主动突破认知边界，在理论与实践的动态联结中深化对金融原理的理解，同步培养自主探索能力与创新思维。

在评价标准上，既对学生所获知识和技能进行评价，也对态度、习惯、方法和团队合作能力等进行评价。在评价形式上，采用线上与线下、过程与结果、个体与团体相结合的学习评价。既有过程性评价，也有终结性评价。

六、课程后续建设计划

（一）课程后续建设目标

为了进一步服务于金融学课程的教学，服务于学科和专业建设，培养复合型金融学专业人才，接下来五年时间里本课程将继续以国家一流课程为目标，以"高阶性、创新性、挑战度"为标杆，进一步建设和完善。

（二）关注经济发展动态，相应调整课程目标

持续关注区域金融经济发展动态，关注学校办学定位的走向，关注新时代金融人才需求的变化，相应调整课程目标，定位于符合时代发展的复合型金融人才的培养。

（三）不断丰富课程思政资源

关注国内外财经热点，持续更新案例库、拓展资源库，保证资源的时代性；全面梳理课程的知识点，制作微课，形成微课视频库，便于学生更好地利用碎片化时间进行学习。作为国家未来栋梁的大学生，如果缺乏正确的思想道德教育，将来走上工作岗位后，难免会受到各种外界的不良诱惑和负面影响。能够抵抗这些负面侵蚀的，除了行业法规，更重要的是个人的道德素养。专业知识的构建可以在入职后逐渐形成，而思想道德建设需要的时间远比知识的学习要漫长得多。因此，课程思政之路任重道远，从学生到教师都需要为此而不断地努力前行。

（四）与时俱进更新教学内容

定期进行实务调研，总结金融经济管理工作的变化，及时调整课程

教学内容，创设学习情境；坚持思政与课程同向同行，时刻关注党和国家的动态，将最新的思政动态植入课程，开展跟随时代步伐的思政教育；课程团队继续致力于教学工作的研究和实践，并将最新研究成果注入课程内容，继续保持课程内容的前沿性、时代性和思想性。

（五）内培外引优化课程团队

继续采用内培外引的方式优化师资队伍。除了对外引进优秀教师，同时采取有效措施优化原有教师队伍：（1）定期或不定期参加教育教学培训以提升教育教学技能；（2）鼓励教师外出参加各类教改、实践教学研讨会，吸取成功经验为己用；（3）定期召开课程团队内部教学研讨会，交流课程教学心得，反思存在的教学问题并商讨改革措施；（4）定期组织深入企业调研，了解行业企业的动态以及金融经济管理工作的变化；（5）激励教师积极投入课程教改研究，申报课题，发表论文；（6）建立青年教师导师制度，为青年教师指定专门的导师，提供教学、科研方面的跟踪指导；等等。

（六）适时调整教学方法和学习评价方法

随着信息技术的发展以及"自出生起即成长于互联网与智能设备高度渗透环境的"学生比例的提升，以学生为中心，充分分析学情，依据调整后的课程目标，选用恰当的教学方法，保证教学效果。适时调整学习评价方法，在课程考核比例上，将提高过程性评价所占的比例，比如从30%提升到40%甚至50%等，降低终结性评价所占的比例。

（七）加强信息技术融合

信息技术日新月异，教学平台的功能日益强大，后续课程的整体设计将更注重与信息技术的深度融合，更好地利用教学平台开展线上、线下的混合式教学，便于学生更好地进行个性化学习，逐步提高线上学习时间的比例，提高在线课程学习资源的利用率。

（八）扩大应用范围

本课程的建设成果除了继续应用于财政类各专业本科生金融学课程的

教学，还可以推广应用于会计专硕课程的教学。另外，也可以通过网络平台把课程应用于有志自学金融学的各类社会人士。

七、金融学课程教学设计样例1——《利率利息及其度量》教学设计

（一）课堂基本资料

所属大类专业：应用经济学

参考教材：《金融学》（刘茂平、侯宏波、程艳主编，2022年版）

讲授内容：利率利息及其度量

课程名称：金融学

课程性质：专业核心课

开设时间：大二第一学期

（二）教学单元内容

教学单元名称：第五章《利率及其决定》

表6.3 利率及其度量

授课教师：刘茂平	授课地点：多媒体教室	课时：40分钟
教学设计理念	本课将从普惠小微贷款利率稳中有降的案例入手，分析为何要降低利率。通过对教学内容的分析和处理，设计出一套能有效实现教学目标、完成教学任务的教学设计与实施方案	
教学目标	能力目标	知识目标
	能够结合不同的宏观经济情景分析利率可能的变动趋势以及相应的应对方法；能在不同的条件下计算不同类型的利息	了解利率的含义、利率的分类、利率在现实生活中的具体运用
教学重点	单利与复利；利息的计算	
教学难点	对现值与终值的理解，并能运用到日常生活中	
教学准备	教师准备：查阅金融学教材及我国相应的基准利率及商业银行的利率水平 学生准备：预习第五章 利率及其决定	

（三）教学内容整体框架

表6.4　《利率及其度量》教学框架

教学基本内容	组织教学	方法及手段
讲课之前的准备工作及此前知识回忆	向学习委员询问到课情况 提出问题：商品都有价格。货币也是商品，也应该有价格，那么货币的价格是什么呢？ 市场行情好还是不好？为什么要降低中小微企业的利率？	互动式问答
讲授新课	一、导入相关资料、案例分析。导致市场不好的原因是什么？	启发式教学
	二、利息、利率及其分类、利息的计算（单利与复利，现值与终值）	讲授法
	课堂习题计算	实操法
学生案例展示	对信用案例的展示	案例展示
课堂小结	回顾利率、利息等相关内容及对案例进行展示评价	互动式问答

（四）新课讲授内容

【案例导入】

2021年我国普惠小微贷款利率继续稳中有降

中国人民银行金融市场司司长邹澜于2021年11月23日的采访中表示，我国小微企业融资当前继续保持量增、面扩、价降的良好态势。今年10月新发放的普惠小微企业贷款加权平均利率为4.94%，相比去年12月下降0.14%。普惠小微贷款利率在2020年大幅下降的基础上继续稳中有降。

从贷款总量来看，截至今年10月末，普惠小微贷款余额18.6万亿元，同比增长26.7%；从贷款所覆盖的范围来看，当前贷款所覆盖的经营主体类型与范围持续扩大，当前贷款已支持小微经营主体共计4217万户，同比增长34.1%。

邹澜介绍，在过去一段的时间里，中国人民银行巩固并提升了两项直达实体经济的货币政策工具的效果，以支持我国中小微企业缓解融资难问题。自去年至今年10月末,人民银行累计对14.4万亿元的贷款实施延期还本付息的处置,其中以中小微企业为贷款对象的延期还本付息共计11.8万亿元,累计发放普惠小微信用贷款9.1万亿元。

思考:

1. 利率在现实的经济、金融生活中有何作用?
2. 我国为何要调低中小微企业的贷款利率?

(案例资料来源:吴咏玲.今年我国普惠小微贷款利率继续稳中有降[N].新华网,2021-11-23. http://www.news.cn/2021/11/23/c_1128092058.htm)

简单分析利息的由来:

第一,利息的由来。

利息作为商品或者货币的"时间价值"的体现,其存在有合理性和必然性。在我国的历史中,由于几乎不受宗教管制的影响,放贷与收取利息的行为并未受到命令禁止。《汉书》中记载:"又令市官收贱卖贵,赊贷予民,收息百月三",其含义为官府借出贷款给民众时,收取月利率3%,折算年利率约为36%,属于高利贷的范畴。尽管《汉律》中对高利贷行为有"取息过律"的定罪,但不论是官员还是民众之间,仍普遍存在着发放或借取高利贷的行为。

【课程思政】

王安石提出的"青苗法"

青苗法,又称"常平新法",是北宋王安石所提出的系列变法措施之一。其措施一改旧制中"遇贵量减市价粜,遇贱量增市价籴"的做法,而是将常平仓、广惠仓的储粮统一折算为本金,再以百分之二十的年利率贷给农民与民间手工业者,试图缓解当时民间高利贷盛行的现象,并增进中央政府的财政收入,以此改变北宋当时积贫积弱、贫富分化严重的情况。

王安石于1069年开始实施青苗法,在实施中规定:民户可以在每年夏秋两次收获期之前,到所在地的官府去借贷银钱或者粮谷种子以补助其农业生产工作。参与借贷的民户之间要求贫富搭配，以10人为保，彼此之间互相担保。贷款金额按照各民户的资产份额分为五个等次：一等户每个周期可以借15贯，末等户则为1贯，借款随当年的夏秋两次征税归还，每期计息2分。

思考：请仔细查阅青苗法的相关史料，并思考青苗法中的措施反映了利率的什么作用？

（资料来源：傅允生.制度变迁与经济发展：王安石青苗法与免役法再评价［J］.中国经济史研究，2004（02）：23-33.）

第二，利率。

民众之间或机构之间开始一段借贷关系之前，总是需要根据借贷的内容（如实物或者货币）将未来偿还时所需要附上的利息规定清楚，利率在其中则起着规范数量的作用。在现实中，利率通常有着非常具体的定义。例如，在银行存款时，就能看到诸如"活期存款利率"和"定期存款利率"的字眼，其中"定期"还分为3个月、6个月、1年、2年、3年和5年。

表6.5 利率的分类与分类依据

利率的分类	分类依据
基准利率与一般利率	按照利率的地位进行划分
实际利率与名义利率	按照是否考虑币值变化进行划分
固定利率与浮动利率	按照贷款期限内是否浮动进行划分
官定利率与市场利率	按照决定方式进行划分
长期利率与短期利率	按照信用活动的期限进行划分
即期利率与远期利率	按照给定的不同期限进行划分
年利率、月利率与日利率	按照计息时间进行划分

第三，利率的度量。

表6.6　单利法与复利法对比

利率的度量与应用方法	公式
单利法	本息和＝本金×（1+利率×期限）
复利法	本息和＝本金×(1+利率)^{期限}

课堂练习：

某人存入银行10000元，存期2年，年利率12%，试用单利和复利计算各自利息？如果按月计算复利呢？季度呢？

现值与终值：

所谓现值和终值，主要描述着货币资金在不同时期的状态。假设你去银行存储一笔货币资金，则站在发生存储行为的那个时点来看，初始的货币资金数额即为"现值"，而在达到储蓄期限之后的本息和则为"终值"。

结合上一小节中关于单利和复利的计算公式，并以复利法为例，我们可以得出以下公式：

$$终值 = 现值 / (1+利率)^{期限}$$

公式中的(1+利率)^{期限}被称为"终值系数"。由于复利法下的终值计算在本章中已经有较多的例子，因此这里不再举例。

而基于上式，我们可以推导出在期限内的某一特定时点下的现值：

$$现值 = 终值 / (1+利率)^{期限}$$

举个例子，假设张三获得了一个投资机会，该项投资总期限为6年，分别在第3年和第6年时获得10000元人民币的回报。假定该项投资的折现率为5%，则这项为期6年总回报为20000元人民币的投资的现值为：

10000/(1+5%)^3+10000/(1+5%)^6=16100.53（元）

可见，该项投资的折现值为16100.53元＜20000元。

第四，年金。

年金，是指在一段时期内，发生在年末的若干笔持续且金额固定的资金流。这里主要涉及两种情况：①在一个规定的时间段里，定期向特定的金融机构存入一笔金额固定的资金；②提前向特定的金融机构存入一笔固定的资金，然后在一个规定的时间段里定期支取金额固定的资金。

以我国银行中常见的储蓄业务为例，其中有"零存整取"和"整存零取"这两种，不难发现，它们分别对应着上文中的①和②这两种年金的典型情况，即"年金终值"和"年金现值"的计算。接下来，我们以一个例子来具体说明这两种情况的计算方式。

（1）"零存整取"：

"月光族"张三为了强迫自己存钱，规定在每年的年末向银行存入一笔金额为10000元的存款，持续期为3年，假定银行所提供的利率为3%，并以复利的方式计息，那么张三这样的操作在第3年的年末能够获得的存款额为：

$10000 \times (1+3\%)^3 + 10000 \times (1+3\%)^2 + 10000 \times (1+3\%) = 31836.27$（元）

可以看到，"零存整取"的计算方式，本质上是将每一个年末所存入的资金单独以复利计算公式进行计算，最后加总以得到这笔年金的最终数额。那么通过对上式的总结，可以得到一个更为一般化的计算公式：

$$\text{年金终值(零存整取)} = \text{定期存入金额} \times \left[\frac{(1+\text{利率})^{\text{期限}+1}-1}{\text{利率}}\right] - 1$$

（2）"整存零取"：

假定张三由于善于投资获得了一笔资金，他计划将其中一部分存入银行以供自己定期支取，并规定每年年末支取100000元，为期3年，年利率为4%，以复利的方式计息。那么张三需要存入的资金总额为：

$100000 \times \dfrac{1}{(1+4\%)} + 100000 \times \dfrac{1}{(1+4\%)^2} + 100000 \times \dfrac{1}{(1+4\%)^3} = 277509.1$（元）

则张三需要存入总计为277509.1元的资金以供定期支取。

同理，我们可以通过总结上式，得到一个更为一般化的计算公式：

$$年金现值(整存零取) = 定期支取金额 \times \left[\frac{1 - \frac{1}{(1+利率)^{期限}}}{利率} \right]$$

学生习题结果展示：对学生习题结果的分析与讨论。

课堂小结：内容评价以及布置课外任务。

本次授课设计方案任务小结如表6.7所示。

表6.7 《利率及其度量》授课方案小结

步骤	内容	教学手段	教学方法	时间分配
讲新课前：告知教学目的并布置工作任务	资本类型	多媒体	任务引入	课前
知识	导入	多媒体	启发	3分钟
导入新课	本项目知识点讲解	多媒体	讲授	24分钟
归纳与总结	本节课重点	多媒体	讲授+回顾	3分钟
结果评价	案例分析	多媒体	提问+学生习题展示+教师评价	8分钟
布置课外任务	案例分析附加题	多媒体	讲授	2分钟

八、金融学课程教学设计样例2——《商业银行经营原则与管理》教学设计

（一）课堂基本资料

所属大类专业：应用经济学

参考教材：金融学（刘茂平、侯宏波、程艳主编）

讲授内容：商业银行经营原则与管理

课程名称：金融学

课程性质：专业核心课

开设时间：大二第一学期

（二）教学单元内容

教学单元名称：第七章 商业银行

表6.8　商业银行经营原则与管理

授课教师：刘茂平	授课地点：多媒体教室	课时：40分钟
教学设计理念	本课将从培养学生掌握商业银行的"收益性、流动性与安全性"原则入手，结合商业银行的业务以及相关案例对商业银行的经营管理展开教学设计。通过对教学内容的分析和处理，设计出一套能有效实现教学目标、完成教学任务的教学设计与实施方案	
教学目标	能力目标	知识目标
	能够结合不同的宏观经济情景分析商业银行经营原则的选择及其实施效果	了解商业银行经营原则的分类和特征，掌握《巴塞尔协议》的内容及其不同版本之间的关联与差异
教学重点	商业银行的存款创造及其影响因素分析；商业银行的业务经营原则；《巴塞尔协议》	
教学难点	商业银行的存款创造机制、《巴塞尔协议》	
教学准备	教师准备：查阅《金融学》教材及《巴塞尔协议》风险权重相关数据 学生准备：预习第七章 商业银行	

（三）教学内容整体框架

表6.9　《商业银行经营原则与管理》教学框架

教学基本内容	组织教学	方法及手段
讲课之前的准备工作及此前知识回忆	向学习委员询问到课情况 课程回顾： 1.商业银行的性质 2.商业银行的负债业务 3.商业银行的资产业务 4.商业银行的中间业务	互动方式
讲授新课	一、导入相关资料	启发式教学
	二、商业银行的经营管理	讲授法
	三、海南发展银行的经验教训有哪些？《巴塞尔协议》不同版本之间的关联与差异？	课堂讨论法

（四）新课讲授内容

导入：

海南发展银行关闭始末

海南发展银行于1995年8月18日开业，1998年6月21日被中国人民银行宣布关闭。

1997年之前，即海南发展银行兼并托管信用合作社事件之前，海南省被设立为经济特区，房地产业也大规模扩张，同时伴生了许多金融机构。在90年代中后期房地产泡沫开始崩溃。在这种激烈的市场竞争情况下，各个银行和信用社都高息揽存。而当房地产泡沫破灭后，许多信用社都出现了大量的不良资产，而对储户承诺的高利息也加剧了这些信用社的经营困境。

1997年12月16日，中国人民银行宣布，关闭海南省5家已经实质破产的信用社，其债权债务关系由海南发展银行托管，其余29家海南省境内的信用社，有28家被并入海发行。这28家信用社及关闭的5家信用社，最终使得海南发展银行走向了末路。

海南发展银行兼并信用社后，曾宣布只保证给付原信用社储户本金及合法的利息。因此，许多在原信用社可以收取20%以上利息的储户在兼并后只能收取7%的利息，发生了大规模的挤兑。

思考：海南发展银行的经验教训有哪些？

新课讲授：第五节 商业银行的经营管理

整体内容概览：

（1）商业银行的经营管理原则：安全性、流动性、盈利性。

（2）商业银行的经营管理理论：资产管理理论、负债管理理论、资产负债综合管理理论。

（3）《巴塞尔协议》系列与商业银行的风险管理：《巴塞尔协议》是国际清算银行成员国的中央银行达成的若干重要协议的总称，是监管银行经营发展方面的国际准则。由于《巴塞尔协议》监管思想的深刻、监管理念的新颖、考虑范围的全面以及制定手段和方法的科学合理，各国银行监管当局都愿意以《巴塞尔协议》的原则来约束本国的商业银行。

新课内容讲解：

第一，背景：在20世纪70年代自由化思潮的推动下，金融监管的放松导致银行业风险的加大。

制定《巴塞尔协议》的目的："统一国际银行的资本计算和资本标准"（1988年7月通过）。

A. 制定银行的资本与其资产间的比例，定出计算方法和标准，以加强国际银行体系的健康发展；

B. 制定统一的标准，以消除国际金融市场上各国银行之间的不平等竞争。

第二，《巴塞尔协议》的内容。

《巴塞尔协议》共分为四大部分：

a. 资本的分类：核心资本（包括实收资本、资本公积、盈余公积以及未分配利润，至少占全部资本的50%）和附属资本（各种准备金：贷款呆账准备、坏账准备、投资风险准备以及5年期以上的长期债券）。

b. 风险权重的计算标准：根据不同资产风险程度确定相应权重计算加权风险资产总额。

c. 资本充足率＝资本÷风险资产≥8%，其中核心资本÷风险资产≥4%。

d. 要求到1992年年底达到上述资本与资产的标准比例。

《巴塞尔协议》的核心内容是资本的分类。也正因为如此，许多人直接就将《巴塞尔协议》称为规定资本充足率的报告。

表6.10 表内资产风险权重表

资本类型	权重
a. 现金类资产	
aa. 库存现金	0%
ab. 黄金	0%
ac. 存放人民银行款项	0%
b. 对中央政府和中央银行的债权	
ba. 对我国中央政府的债权	0%
bb. 对中国人民银行的债权	0%
bc. 对评级为AA-及以上国家和地区政府和中央银行的债权	0%
bd. 对评级为AA-以下国家和地区政府和中央银行的债权	100%
c. 对公用企业的债权（不包括下属的商业性公司）	
ca. 对评级为AA-及以上国家和地区政府投资的公用企业的债权	50%
cb. 对评级为AA-以下国家和地区政府投资的公用企业的债权	100%
cc. 对我国中央政府投资的公用企业的债权	50%
cd. 对其他公用企业的债权	100%
d. 对我国金融机构的债权	
da. 对我国政策性银行的债权	0%
db. 对我国中央政府投资的金融资产管理公司的债权	
dba. 金融资产管理公司为收购国有银行不良贷款而定向发行的债券	0%
dbb. 对金融资产管理公司的其他债权	100%
dc. 对我国商业银行的债权	
dca. 原始期限四个月以内（含四个月）	0%
dcb. 原始期限四个月以上	20%
e. 对在其他国家或地区注册金融机构的债权	

续表

资本类型	权重
ea. 对评级为AA-及以上国家或地区注册的商业银行或证券公司的债权	20%
eb. 对评级为AA-以下国家或地区注册的商业银行或证券公司的债权	100%
ec. 对多边开发银行的债权	0%
ed. 对其他金融机构的债权	100%
f. 对企业和个人的债权	
fa. 对个人住房抵押贷款	50%
fb. 对企业和个人的其他债权	100%
g. 其他资产	100%

资料来源：《巴塞尔协议》（第一版）

资本充足率的一个简单例子：

银行A有100单位资产，组成如下：

* 现金：10　　　　（0%）

* 政府债券：15　　（0%）

* 抵押贷款：20　　（50%）

* 其他贷款：50　　（100%）

* 其他资产：5　　 （100%）

又假设，银行的负债包括：93单位的存款、5单位的股本和2单位的普通准备金。请计算该银行的资本充足率以及核心资本充足率。

根据定义，核心资本=5单位，附属资本=2单位，资本总额=7单位。

银行A的加权资产风险计算如下：

现金：10 * 0% = 0

政府债券：15 * 0% = 0

抵押贷款：20 * 50% = 10

其他贷款：50 * 100% = 50

其他资产：5 * 100% = 5

总加权资产风险：65

资本充足率=7/65=10.77%

核心资本充足率（所有者权益/加权资产风险）=5/65=7.69%

第三，《新巴塞尔协议》。

1995年巴林银行的倒闭让人们认识到操作风险的危害。

1997年爆发的东南亚金融危机波及全世界，而当时的《巴塞尔协议》机制却没有发挥出应有的作用，在这样的背景下，1999年6月，巴塞尔委员会发布第一次建议，决定修订1988年的协议，以增强协议规则的风险敏感性。

1999年6月，新协议将风险扩大到信用风险、市场风险、操作风险和利率风险，并提出"三个支柱"（最低资本规定、监管当局的监督检查和市场纪律）要求资本监管更为准确地反映银行经营的风险状况，进一步提高金融体系的安全性和稳健性。

第四，《巴塞尔协议Ⅲ》。

2008年以来发生的金融危机致使《巴塞尔协议Ⅲ》诞生。

国际银行资本监管改革是本轮金融危机以来全球金融监管改革的重要组成部分，二十国集团领导人匹兹堡峰会明确提出了"大幅度提高银行体系资本质量和资本数量"的改革目标。

2010年9月12日的中央银行行长和监管当局负责人会议就资本充足率监管标准和过渡期安排达成了共识，核心内容包括三个方面：

一是明确了三个最低资本充足率要求，分别是普通股（含留存收益）最低要求为4.5%，一级资本最低要求为6%，总资本最低要求为8%。

二是明确了两个超额资本要求：一个是资本留存超额资本要求，水平为2.5%，设立资本留存超额资本要求是为了确保银行具有充足的资本用于吸收经济压力时期的损失，并规定银行必须用普通股来满足资本留存超额资本要求；另一个是反周期超额资本要求，水平为0~2.5%，只有当出现系统性贷款高速增长的情况下，商业银行才需计提反周期超额资本，大多数时期反周期超额资本为0。

三是明确了过渡期安排。为防止过快实施更高的资本标准影响全球经济的复苏,巴塞尔委员会要求,自2019年开始正常条件下商业银行的普通股(含留存收益)充足率、一级资本充足率和总资本充足率最低应分别达到7%、8.5%和10.5%。

思考:巴塞尔协议不同版本之间的关联与差异?给中国的银行业管理带来什么启示?

本次授课设计方案任务小结:

表6.11 《商业银行经营原则与管理》授课方案小结

步骤	内容	教学手段	教学方法	时间分配
讲新课前:告知教学目的并布置工作任务	预习	多媒体	任务引入	课前
知识	导入	多媒体	启发	3分钟
导入新课	本项目知识点讲解	多媒体	讲授	18分钟
归纳与总结	本节课重点	多媒体	讲授+回顾	6分钟
结果评价	案例分析	多媒体	提问+学生展示+教师评价	4分钟
布置课外任务	案例分析附加题	多媒体	讲授	1分钟

第三节 金融科技背景下高职本科一体化金融人才培养的案例分析

一、项目试点基本概况

2018年,广东技术师范大学与广州番禺职业技术学院(以下简称番职院)合作举办金融专业"4+0"应用型本科项目,由广师大面向广东省普通高中文科类学生招生。广师大的金融学专业(广东省特色建设专业)与番职院的金融管理专业(国家首批高职示范建设专业和广东省首批高职一类品牌建设专业),均具有较强的办学实力和良好的发展前景,其专业群建设基础扎实,并可依托双方的校内外实训基地来开展应用型人才协同培养,因而两校共同确定"金融学"为协同育人试点专业。"合作招生、协同育人"是两校试点培养应用型本科金融人才的基本立足点。

首批(2018年)招生40人,报到率100%,最低录取分500分(2018年广东省本科院校文科类最低分数线为443分)。2018年合作班的最低招生录取分数虽低于广师大金融学专业的最低录取分,但明显高于番职院金融管理专业的最低录取分。第二批(2019年)招生情况与2018年大致相同。这些学生全部在番职院报到、入住和学习,由番职院进行日常的学生管理和教学管理,由广师大负责学籍管理和教学指导及教学监督,如果达到毕业和学位授予要求,将由广师大颁发毕业证书并授予经济学学士学位。

二、项目试点工作方案实施情况

由广师大按照省教育厅确定的招生代码,以"应用型本科人才协同培养实验班"的名义,通过普通高考招收学生,与广师大其他专业同批次录取,设立番职院教学点,单独编班。广师大与番职院按照应用型本科人才培养标准,基于"协同育人、创新培养和求真务实"的理念,共同制定四年制本科应用型人才培养方案,合理设置梯次递进、内容衔接的课程体系,优化课程结构;共同制定课程教学标准、职业能力标准;共同探讨教学方法改革,强化教学实践环节,毕业论文题目要求均来源于行业和企业的实践和实务。实行师资共享,两校跨校安排优秀教师担任试点专业的理论和实训教学。学生在校就读期间,由番职院负责师资的配备管理。需要广师大派出优秀教师担任专业课的教学时,派出教师需要服从双方共同的教学管理安排,教学工作量计入教师工作量,其差旅、住宿及课酬由番职院支付,课酬标准不低于其正常工作标准。同时实行教学资源共享,两校跨校综合利用对方的优质实践教学条件。学生在校就读期间,双方须无偿为试点专业提供需要使用的已有优质实训场地和设备,无偿安排人员协助对方的实训指导。学生由番职院负责实行集中管理。管理范畴包括学生学业管理、思想、生活、安全、技能竞赛、考证、文体娱乐、社团活动等各项管理。

三、项目试点取得的主要成效

从2017年11月开始试点项目的调研、论证及申报到2018年6—8月试点项目招生和2019年6—8月的再次招生，从2018年9月至今的试点项目的初步运行，结合了合作双方的力量，取得了初步成效，各项试点工作的开展都很顺利，达到了预期。

成立了金融学专业建设工作联系小组，广师大教务处和学生处等相关职能部门、广师大财经学院与番职院教务处和学生处等相关职能部门、番职院财经学院进行工作对接，彼此密切联系，协同工作，共商招生、教学、管理学生等。试点项目的具体对接工作，主要落实在广师大财经学院金融学系和番职院财经学院金融管理教研室，明确了双方专业负责人，专业负责人之间建立了密切联系。

针对金融"本科"教育的特点，两校商定要以教育部颁布的《金融学专业类本科教学质量国家标准》（2018版）为主要培养依据，同时融合番职院的职业教育特色和最优资源，尤其强调高等数学、线性代数、概率论与数理统计、计量经济学等课程，以及政治经济学、逻辑学、大学英语等本科素质课程。番职院作为实际承担教学任务的教学点，在全校范围内为该班配备最优的师资，并对承担本科教学任务的专业课，提高了教学工作量计算系数（由1.0提高到1.2）。为加强本科学生的高难度课程学习，由专任导师、专业课老师对学生进行专业指导，并将学生分成5~6个学习小组，互相帮助、督促，取得了很好的效果。

四、存在的主要问题及改进建议

经过这一段时间的实际运行，发现存在如下主要问题：

两校实践教学资源都很丰富，但缺少整合。两校合作的金融机构、两校各自建设的实践场所和设施，因主要满足本校专业人才的培养和教学，如何实现实践教学资源合理转化用于合作实验班，还需要进一步思考。教学课程名称相同或相似，但实际教学内容缺少真正的统一，尤其是课时与学分的换算，两校并不一致。广师大是16课时记1学分，番职院是18课时记1学分，从而导致在实际教学过程中，虽用一样的教材但课时却不同，需要任课老师协调。

因本科学制4年，且本科实验班第一、第二学年主要开设本科学士学位必修课程，理论性强，实践性课程不多，高职特色在大学一、二年级没有彰显，从而使得具有高职教学优势的师资、课程、平台和教学模式等不能尽快落实到前期的教学过程中。

针对如上问题，建议如下：首先，加强研究，尤其是两校实际对接学院、部门的共同合作研究，从问题研究到对策分析逐一展开。其次，加强整合，将协同育人抓得更实，如课程资源、师资、实践教学资源及平台等，要尽快做好整合，以适应协同育人的需要。第三，提高合作实验班任课教师的待遇，增加学习、培训、交流的机会，以进一步提高任课教师的教学积极性。

第四节　金融科技背景下大学班主任对大学生学业的影响分析

本节内容基于CFPS 2020数据，采用回归法和工具变量法，探讨大学生班主任对大学生学业的影响。结果表明这种影响显著为正，但影响程度存在异质性：与大学本科班级相比，大学专科班级班主任的影响更大；办学性质方面，普通民办大学班主任的影响最低，普通公办大学班主任的影响居中，其他类型的大学班主任的影响最大；在生源地方面，班主任对来自城镇大学生的影响大于来自农村的大学生。影响机制表明，大学班主任主要通过改善大学生人缘关系、增强大学生对未来的信心等路径来提升大学生的学业水平。大学班主任可以通过改进工作方法构建和谐的师生关系、创建友爱和谐正能量的班级、充分关注特殊群体等提升大学生对班主任的满意度，进而提升其学业水平。

一、大学班主任对学生专业成绩的影响路径

第一，通过构建良好的学风影响大学生的学习成绩。

班级学风建设是大学班主任的主要职责之一，对于大学生来说，班主任是班级的组织者、领导者和协调者。其工作角色之一是"强化学生自主学习意识，帮助学生制订职业生涯规划"（田金凤等，2020）。有用之才的前提必须是符合国家发展大方针和相关政策，因此，大学班主任必须在贯彻国家教书育人相关政策的基础上，为大学生的日常学习、情感生活、正常社会交往等方面提供帮助和指导，引导学生全面健康成长，让其成为全面发展、符合社会需求的新时代人才（曾晨，2020）。合格的班主任需要构建良好的班风、学风，每学期制定班级学风建设计划，并按计划开展相关活动。班主任需要定期检查班级学风状况，对出勤率低、学习状态差的学生要及时进行教育和引导，帮助学生端正学习态度，明确学习方向，改进学习方法，养成良好的学风，提高学习成效，切实提高班级各类等级考试的通过率，引导大学生在愉快、温馨的环境中学习成长。

第二，通过教师社会认同对大学生学习成绩的影响。

人在社会中的角色具有多重性，从不同的角度看就有不同的定位，大学班主任也一样。从与大学生互动的角度看，大学班主任扮演着大学生"品德形成的引导者、心理发展的疏导者、生活选择的参谋者"三重角色（贺凤兰，1992）。同时，大学班主任也是大学生获取信息与资源服务的提供者、大学生学习过程的监督与指导者、社会性支持的提供者（白滨等，2019）。社会认同理论认为，社会中的单个个体努力维持一种积极的社会认同，并以此来提升自我评价。为增强大学生的社会认同感，班主任有必要通过各种形式的接触给学生提供足够的关心与指导，包括日常的教学管理、班会活动、团日活动等集体性接触以及单独和学生坦诚交流的个

体性接触等。来自班主任的这种认同和尊重一旦被感知，回报心理将促使其激发学习义务感，并主动投入更多，从而提升其学习成绩。

第三，通过心理疏导保持身心健康，为提升大学生的学习成绩提供保证。

大学班主任是大学生心理发展的疏导者（贺凤兰，1992）。从成长过程来看，一般情况下，大学阶段处于从青春期向成熟期过渡的时期，此时的大学生主观意识和个性都比较强，对各种社会现象有自己独特的见解和看法，但由于社会阅历不丰富，当面临稍微复杂一点的社会问题或者是情感问题时，就有可能难以进行有效处理，导致少数大学生因此而产生一些心理问题，从而影响其身心健康进而影响其学业。因此，作为与大学生接触比较频繁的班主任老师，可通过各种方式关注大学生的心理状况，并借助面对面沟通、网络沟通、心理辅导等方式，及时对产生不良心理的部分大学生进行合理干预，促其保持心理健康（李月晴，2020）。除沟通、心理辅导等，班主任还可以让大学生"动"起来，在"动"的过程中让其保持心理健康，比如积极从事社会实践和参加各项文体活动，达到"润物无声"的身心健康治疗，为提升大学生的学习成绩提供保证。

二、模型设定和变量描述

（一）模型设定

针对本节研究的问题，我们采用一元和多元回归模型进行分析，一元和多元回归模型的具体形式分别用（6.1）和（6.2）式表示：

$$\text{STD}_i = \beta_0 + \beta_i \times \text{headmaster} + \xi_i \tag{6.1}$$

$$\text{STD}_i = \beta_0 + \beta_i \times \text{headmaster} + \sum_{i=1}^{n} \beta_i \times \text{controls} + \xi_i \tag{6.2}$$

在上面的方程式中，被解释变量STD为学业情况的衡量指标；解释变量为对班主任老师的满意程度headmaster，β_i表示对班主任老师的满意程度对学生学业情况的影响系数，是本研究所关注的核心参数。controls为控制变量，主要包括个人、家庭、社会以及政府等各个层面的特征变量。

（二）各变量指标的选取

被解释变量为中国家庭追踪调查数据库（CFPS）中大学生的学业情况数值，从非常不满意到非常满意分别用1~5分表示。在稳健性分析中，我们也采用学生上学期本专业排名的分值来进行检验，由于成绩排名没有具体名次，只有不同档次的数据，因此我们把排名前10%记作分值为5，排名11%~25%记作分值为4，排名26%~50%记作分值为3，排名51%~75%记作分值为2，排名后24%记作分值为1。

解释变量为CFPS中大学生对其班主任老师的满意程度数值，从非常不满意到非常满意分别用1~5分表示。在稳健性分析中，我们也按有无班主任的不同情况，把有班主任的记为1，把没有班主任的记为0，来进行分析。

工具变量的选取：学生和老师是学校里的两大关键主体，在教书育人中存在一定的联动性。因此我们无法保证班主任工作与大学生学业水平之间的内生性，班主任的工作会受到学生学业情况的影响。因此，为准确地估计大学班主任满意度对大学生学业的影响，需要寻找合适的工具变量（IV）缓解可能存在的内生性问题。

相关性和外生性是工具变量的基本要求，即要与班主任满意度这一变量高度相关的同时，还要确保足够的外生性。本研究以除本人外其他同学对班主任老师满意程度的均值以及该均值与随机变量的乘积作为本人对班主任老师满意程度的工具变量，经检验符合工具变量的要求。

控制变量为controls所包含的指标。各变量见表6.12。

表6.12　变量类型、维度、名称及计量

变量类型	变量维度	变量名称	含义内容或计量方式
因变量	专业成绩	自己的学业情况	从非常不满意到非常满意相应打分从1分到5分
		上学期在本专业的排名	前10%记作分值为5，排名11%~25%记作分值为4，排名26%~50%记作分值为3，排名51%~75%记作分值为2，排名后24%记作分值为1
自变量	班主任工作	对班主任老师的满意程度	从非常不满意到非常满意相应打分从1分到5分，没班主任的记为0
工具变量	IV	工具变量	除本人外其他同学对班主任老师满意程度的均值作为本人对班主任老师满意程度调查的工具变量
中介变量	M	对自己未来的信心程度	从很没信心到很有信心相应打分从1分到5分，样本中不适用的记为0
控制变量	个人层面	性别	女=0，男=1
		是否参加学生社团	是=1，否=0
		参加了几个社团	实际数字
		实习兼职经历	否=0，是=1
	家庭层面	与父亲的关系如何	从很不亲到很亲近相应打分从1分到5分
		与母亲的关系如何	从很不亲到很亲近相应打分从1分到5分
		对父母的信任度	从非常不信任到非常信任相应打分从0分到10分
		家庭社会地位（分）	从很低到很高相应打分从0分到10分
		家庭经济条件（分）	从很低到很高相应打分从0分到10分
		父亲的受教育程度	从文盲/半文盲到博士相应打分从1分到8分
		母亲的受教育程度	从文盲/半文盲到博士相应打分从1分到8分

续表

变量类型	变量维度	变量名称	含义内容或计量方式
控制变量	学校层面	对学校的满意程度	从非常不满意到非常满意相应打分从1分到5分
		非周末学习时间（小时/天）	实际数据
		周末学习时间（小时/天）	实际数据
	社会层面	现在的户口状况	农业=0，非农=1
		过去12个月是否有亲戚朋友给支付学费	是=1，否=0
		是否获得政府、学校及其他组织机构支付学费	是=1，否=0

（三）数据来源和描述性统计

本研究所采用的数据来源于中国家庭追踪调查数据库（CFPS）。CFPS是由北京大学社会科学调查中心统筹建立，其中有关全国居民个人、家庭和社区（村）的数据目前已被广泛地用于各种实证分析。本研究采用CFPS 2020的数据，选取的研究对象为正在读大学的样本，剔除数据缺失的，最终样本量整体为674个，大学生成绩排名的样本为478个。

描述性统计结果见表6.13。结果显示，大学生对自己的学业满意度、对班主任的满意度、对自己未来的信心度都比较高，均值分别为3.39、3.576和3.864；与父母的关系普遍较亲密，也表现出对父母很高的信任度。样本中大学生父亲的受教育程度平均值比母亲的要高，但整体上都不高，大部分处于中学以下的教育程度；有7.9%的学生在过去12个月有亲戚朋友给予支付学费，有30.6%的大学生获得过政府、学校及其他组织机构支付学费的帮助。

表6.13 变量的描述性统计

变量	样本量	均值	标准差	最小值	最大值
自己的学业情况	674	3.39	0.744	1	5
上学期在本专业的排名	478	3.669	0.971	1	5
对班主任老师的满意程度	674	3.576	1.406	0	5
工具变量	674	3.576	1.035	0	3.879
对自己未来的信心程度	674	3.864	0.814	0	5
受访者性别	674	0.47	0.499	0	1
是否参加学生社团	674	0.381	0.486	0	1
参加了几个社团	674	0.595	0.893	0	5
实习兼职经历	674	0.485	0.5	0	1
与父亲的关系如何	674	4.091	0.884	1	5
与母亲的关系如何	674	4.316	0.81	1	5
对父母的信任度	674	9.346	1.163	0	10
家庭社会地位（分）	674	4.553	3.312	0	10
家庭经济条件（分）	674	4.665	3.298	0	10
父亲的受教育程度	674	3.105	1.027	1	6
母亲的受教育程度	674	2.82	1.088	1	6
对学校的满意程度	674	3.634	0.922	1	5
非周末学习时间（小时/天）	674	6.585	3.268	0	24
周末学习时间（小时/天）	674	3.325	2.517	0	20
现在的户口状况	674	0.307	0.462	0	1
过去12个月是否有亲戚朋友给支付学费	674	0.079	0.269	0	1
是否获得政府、学校及其他组织机构支付学费	674	0.306	0.461	0	1

三、实证结果与分析

（一）基准模型回归分析

表6.14基准模型回归分析结果，其中第（1）列为一元回归分析结果，第（2）列到第（5）列依次为增加了个人、家庭、学校和社会层面等不同变量的多元回归分析结果。我们发现，不管是一元回归分析，还是在不同控制变量下的多元回归分析下，对班主任的满意程度与大学生的学业表现系数都出现正相关关系，并都在1%水平下显著，初步证明了本文的理论假设。

另外，在控制变量中，学生对学校的满意度、周末学习时间等能显著正向影响学生学业，其他因素显著性不高。因此，学校本身的声望对学生学业的影响比较大，而声望的建立是办学历史、办学定位、师资力量、教学质量等多种因素的综合结果，这表明学校有必要持之以恒改善办学质量、提升学校声誉，形成良性循环。同时，大学生周末的学习时间与其学业表现呈现出显著的正相关关系，即周末学习时间影响很大。一般来说，不会有太多的硬性规定大学生在周末需要完成多少作业，但很明显，周末的学习时长对其学业有很大的正向影响。因此，大学生自己要学会合理利用周末时间，在完成必要的老师分配的学习任务之后，做些有研究性的创新性的学习，不能把周末的时间白白浪费掉。

表6.14　基准模型回归分析结果

变量	自己的学业情况				
	OLS（1）	OLS（2）	OLS（3）	OLS（4）	OLS（5）
对班主任老师的满意程度	0.1102*** （0.02）	0.1107*** （0.0199）	0.1096*** （0.02）	0.0699*** （0.021）	0.0715*** （0.0211）
性别		−0.0428 （0.0559）	−0.0505 （0.0559）	−0.051 （0.0549）	−0.0536 （0.055）
是否参加学生社团		−0.1699 （0.1089）	−0.1057 （0.1103）	−0.104 （0.1082）	−0.1174 （0.1091）

续表

变量	自己的学业情况				
	OLS（1）	OLS（2）	OLS（3）	OLS（4）	OLS（5）
参加了几个社团		0.0429 （0.0593）	0.0327 （0.0591）	0.0337 （0.0578）	0.0419 （0.0583）
实习兼职经历		−0.155*** （0.0561）	−0.1362** （0.0563）	−0.0836 （0.056）	−0.0789 （0.0563）
与父亲的关系如何			−0.0228 （0.0417）	−0.0307 （0.0411）	−0.036 （0.0414）
与母亲的关系如何			0.066 （0.0458）	0.071 （0.0449）	0.0753* （0.0452）
对父母的信任度			0.0352 （0.0253）	0.024 （0.0249）	0.0245 （0.0249）
家庭社会地位			0.0173 （0.0199）	0.0063 （0.0196）	0.0051 （0.0196）
家庭经济条件			−0.0445** （0.02）	−0.0289 （0.0198）	−0.029 （0.0199）
父亲的受教育程度			0.0149 （0.0345）	0.0131 （0.0338）	0.0101 （0.0343）
母亲的受教育程度			0.0039 （0.033）	0.0084 （0.0324）	0.0051 （0.0338）
对学校的满意程度				0.1674*** （0.0324）	0.1651*** （0.0326）
非周末学习时间				−0.0103 （0.0098）	−0.0083 （0.0099）
周末学习时间				0.0268** （0.0124）	0.0274** （0.0124）
现在的户口状况					0.0009 （0.0669）

续表

变量	自己的学业情况				
	OLS（1）	OLS（2）	OLS（3）	OLS（4）	OLS（5）
过去12个月是否有亲戚朋友给支付学费					0.0146 （0.1024）
是否获得政府、学校及其他组织机构支付学费					−0.0829 （0.0629）
截距项	2.9963*** （0.0767）	3.1289*** （0.0866）	2.6605*** （0.2696）	2.2324*** （0.1234）	2.2646*** （0.2795）
R^2	0.0434	0.0616	0.0845	0.1266	0.1289
F	30.47***	8.77***	5.08***	6.36***	5.38***
观测值	674	674	674	674	674

注：***、**、*分别表示在1%、5%和10%的水平上显著；括号内为稳健标准误

（二）工具变量回归分析

考虑到基准模型的回归结果很可能存在内生性问题，参考 Angrist和Krueger（1991）的做法，采用除本人外其他同学对班主任老师满意程度的均值以及该均值与随机变量的乘积作为本人对班主任老师满意程度的工具变量，工具变量回归模型与基准模型所用的变量完全一致。

工具变量回归结果见表6.15。对于工具变量及回归参数的有效性，我们从以下三个方面来看，首先，第一阶段回归的 F 统计量最小值为392.97，远大于经验值10以上，表明所选择的工具变量与内生解释变量之间是高度相关的（孙传旺等，2019；陈诗一等，2018），可以排除"弱工具变量"问题。其次，Sargan统计量检验的结果均不显著，无法拒绝所有变量都是外生的原假设，表明所选择的工具变量是有效的。最后，从第二阶段的回归结

果可以看出，对班主任老师满意程度的系数仍然显著为正，该结果与基准模型回归结果在方向上保持一致，验证了班主任满意度对大学生学业有着积极的正向影响。但工具变量回归中该回归系数从数值上看要明显小于表6.14中的基准回归的结果，表明潜在的内生性问题也许会在一定程度上高估了班主任的满意程度对大学生的学业表现的改善效应。进一步从表6.15中对学校满意程度的估计系数大小的比较中可以发现，缓解了内生性问题后，学校满意程度对大学生学业的边际影响比班主任满意度的影响要更大。其他控制变量的估计系数与表6.14中的结果基本一致，验证了工具变量回归结果的有效性。

表6.15 工具变量（2SLS）估计结果

变量	自己的学业情况					
	IV_2SLS（1）	IV_2SLS（2）	IV_2SLS（3）	IV_2SLS（4）	IV_2SLS（5）
对班主任老师的满意程度	0.049**（0.0273）	0.052**（0.02696）	0.051**（0.027）	0.0447**（0.0268）	0.046**（0.0269）
性别		−0.0372（0.0561）	−0.0473（0.0558）	−0.05（0.0543）	−0.0524（0.0543）
是否参加学生社团		−0.1553（0.1092）	−0.0913（0.11）	−0.0997（0.1071）	−0.112（0.1077）
参加了几个社团		0.0393（0.0594）	0.0299（0.0589）	0.033（0.0572）	0.0406（0.0576）
实习兼职经历		−0.1618***（0.0562）	−0.1425**（0.0562）	−0.0821（0.0554）	−0.0773（0.0556）
与父亲的关系如何			−0.0169（0.0417）	−0.0296（0.0407）	−0.0345（0.0409）
与母亲的关系如何			0.0624（0.0457）	0.0701（0.0444）	0.0741*（0.0446）

续表

变量	自己的学业情况				
	IV_2SLS（1）	IV_2SLS（2）	IV_2SLS（3）	IV_2SLS（4）	IV_2SLS（5）
对父母的信任度			0.0412（0.0253）	0.0256（0.0247）	0.0261（0.0246）
家庭社会地位			0.0102（0.0199）	0.0027（0.0195）	0.0016（0.0195）
家庭经济条件			−0.0383*（0.02）	−0.0256（0.0197）	−0.0256（0.0197）
父亲的受教育程度			0.0162（0.0344）	0.0135（0.0335）	0.0105（0.0338）
母亲的受教育程度			0.0006（0.0329）	0.0075（0.032）	0.004（0.0333）
对学校的满意程度				0.1814***（0.0334）	0.1794***（0.0335）
非周末学习时间				−0.0098（0.0097）	−0.0078（0.0098）
周末学习时间				0.0269**（0.0122）	0.0276**（0.0123）
现在的户口状况					0.0036（0.066）
过去12个月是否有亲戚朋友给支付学费					0.0091（0.1011）
是否获得政府、学校及其他组织机构支付学费					−0.0783（0.0621）
截距项	3.215***（0.1014）	3.3361***（0.1079）	2.8124***（0.2728）	2.509***（0.2752）	2.2822***（0.2761）

续表

变量	自己的学业情况				
	IV_2SLS（1）	IV_2SLS（2）	IV_2SLS（3）	IV_2SLS（4）	IV_2SLS（5）
R^2	0.03	0.0494	0.0724	0.1246	0.127
第一阶段F统计量	397.63***	135.17***	64.08***	81.61***	68.96***
第二阶段Wald检验chi2值	3.23*	16.54***	34.67***	88.92***	90.66***
Cragg-Donald Wald F统计量	397.63	401.35	392.97	495.9	493.3
Sargan检验（P值）	0.187（0.6653）	0.072（0.7881）	0.027（0.8701）	0.046（0.8306）	0.05（0.823）
观测值	674	674	674	674	674

注：***、**、*分别表示在1%、5%和10%的水平上显著；括号内为稳健标准误

四、稳健性分析与机制检验

（一）关于解释变量与被解释变量的度量差异

在实际分析中，有时可以找到不同的变量对相关问题进行分析，如果可以找到可替代的变量指标，并且结果指向一致，就可以证明所得结果稳健。对于本研究的核心解释变量对班主任老师的满意程度，除了可以用具体数值作为代理变量外，还可以用班级有无班主任老师（有班主任老师的用1表示，无班主任老师的用0表示）作为代理变量，即（0，1）变量，工具变量回归的参数结果见表6.16的第（1）至第（5）列。第（6）列用大学生上学期在本专业的排名来代表其学业表现，自变量和控制变量等与基准回归一致。

表6.16　以0和1值为代理变量的回归结果

变量	自己的学业情况					成绩排名
	IV_2SLS（1）	IV_2SLS（2）	IV_2SLS（3）	IV_2SLS（4）	IV_2SLS（5）	IV_2SLS（6）
班级有无班主任老师	0.1926** （0.107）	0.2034** （0.1061）	0.1962** （0.106）	0.1708** （0.1024）	0.1758** （0.1026）	
对班主任老师的满意程度						0.0589** （0.0324）
性别		−0.0534 （0.0659）	−0.0615 （0.0659）	−0.062 （0.0643）	−0.0637 （0.0553）	−0.0633 （0.0558）
是否参加学生社团		−0.1763 （0.1284）	−0.12455 （0.1401）	−0.1043 （0.1085）	−0.1375 （0.1094）	−0.1274 （0.1092）
参加了几个社团		0.0443 （0.0495）	0.0426 （0.0694）	0.0338 （0.0621）	0.0439 （0.0585）	0.0515 （0.0686）
实习兼职经历		−0.1575*** （0.0564）	−0.1662** （0.0592）	−0.0636 （0.0516）	−0.0689 （0.0565）	−0.0685 （0.0566）
与父亲的关系如何			−0.0234 （0.0537）	−0.0308 （0.0421）	−0.0366 （0.0524）	−0.0368 （0.0526）
与母亲的关系如何			0.0636 （0.0456）	0.0718 （0.0479）	0.0763* （0.0462）	0.0756* （0.0462）
对父母的信任度			0.0452 （0.0453）	0.0224 （0.0269）	0.0345 （0.0269）	0.0345 （0.0269）
家庭社会地位			0.0373 （0.0419）	0.0163 （0.0456）	0.0053 （0.0456）	0.0052 （0.0466）
家庭经济条件			−0.0543** （0.0223）	−0.0267 （0.0188）	−0.0291 （0.0189）	−0.0292 （0.0189）
父亲的受教育程度			0.0249 （0.0445）	0.0231 （0.0438）	0.0201 （0.0443）	0.0201 （0.0443）
母亲的受教育程度			0.0049 （0.0353）	0.0087 （0.0424）	0.0054 （0.0368）	0.0054 （0.0368）
对学校满意程度				0.1374*** （0.0424）	0.1852*** （0.0336）	0.1851*** （0.0336）

续表

变量	自己的学业情况					成绩排名
	IV_2SLS（1）	IV_2SLS（2）	IV_2SLS（3）	IV_2SLS（4）	IV_2SLS（5）	IV_2SLS（6）
非周末学习时间				−0.0162（0.0098）	−0.0088（0.0099）	−0.0088（0.0099）
周末学习时间				0.0468**（0.0321）	0.0474**（0.0321）	0.0474**（0.0324）
现在的户口状况					0.0009（0.0961）	0.0009（0.0961）
过去12个月是否有亲戚朋友给支付学费					0.0142（0.1344）	0.0142（0.1344）
是否获得政府、学校及其他组织机构支付学费					−0.0521（0.0459）	−0.05291（0.459）
截距项	6.0163***（0.0767）	7.1233***（0.0766）	6.1105***（0.3691）	6.6524***（0.2232）	6.6741***（0.3791）	6.6741***（0.3106）
R^2	0.0048	0.0235	0.0478	0.1155	0.1175	0.1175
第一阶段F统计量	1.54e+08***	5.16e+07***	2.41e+07***	2.57e+07***	2.17e+07***	52.75***
第二阶段Wald检验chi2值	3.24*	16.15***	33.8***	88.04***	89.72***	54.13***
Cragg-Donald Wald F统计量	1.5e+08	1.5e+08	1.5e+08	2.0e+08	2.0e+08	356.7
Sarga检验（P值）	0.094（0.7587）	0.017（0.8977）	0（0.9856）	0.01（0.9186）	0.012（0.914）	0.162（0.687）
观测值	674	674	674	674	674	478

注：***、**、*分别表示在1%、5%和10%的水平上显著；括号内为稳健标准误

从回归的统计结果看，第一阶段回归的 F 统计量以及第二阶段的Wald检验chi2值、Cragg-Donald Wald F统计量等都表明方程是统计有效的，方程所重点关注的贝塔系数都显著为正，该结果与基准模型回归结果在方向上保持一致，且与前面相比，贝塔系数变得更大，再次验证了班主任满意度对大学生学业存在着改善效应。

（二）进一步的稳健性分析

1.剔除无班主任样本

考虑到大学生全体674个样本中有52个样本是没有班主任的，在前文的分析中，对这部分样本对班主任的满意度取值为0，我们将这部分样本剔除后进行 2SLS 回归分析。表6.17第（1）列的结果表明，对班主任老师满意程度的回归系数与表6.16第（5）列相比，其回归系数变得更大，且都是相关关系，表明删除无班主任样本不会影响班主任满意度对大学生学业具有改善效果的基本结论，实证结果比较稳健。

2.异质性分析

在所有样本中，存在大学生本科和专业层次的差异、大学是公办还是民办等办学性质的差异，以及大学生来源是农村还是城镇等生源地的差异等，我们对这部分样本进行区分后，执行2SLS 回归分析，结果见表6.17的（2）~（8）。整体上来看，仍然可以得出班主任满意度对大学生学业具有改善效果的基本结论，但在不同样本间还是存在一些差异。在本专科不同层次的异质性方面，专科层次的贝塔系数比本科层次的贝塔系数大得多，也即专科层次中班主任的影响更大，对班主任的满意程度提升1%，导致专科大学生的学业水平提升大约0.11%，对本科大学生的学业水平提升大约为0.05%。在办学性质的异质性方面，从表6.17的（4）~（6）结果可以看出，普通公办大学中班主任的影响居中，普通民办大学中班主任的影响最低，其他类型的大学（包括成人教育、网络教育、独立学院等）中班主任的影响最大。可能的原因是，在我国，能上普通公办大学的学生一般属于成绩较好、自主性较强的学生，只需要班主任的一点提醒就可以较好地进行自主学习。上普通民办高校的学生，因为各种原因成绩相对差一些，需要班主任更多的关注才会把精力放到学业上来，班主任同样的付出，结果在普通公办大学会收到更好的效果，这也表明，普通民办高校的班主任更需要改善工作方法，以帮助学生改善学业状况。其他类型的大学教育特别是成人教育、网络教育等，一般来说，教学组织比普通公办高校和普通民办高校全日制的更为松散些，并且这些大学生有很大一部分是在职学习，更能理解学习机会之难得，联系最多的就是班主任，因此，班主任的影响就最为显著。在生源地户口的异质性方面，结果显示，班主任对来自城镇的大学生的影响大于来自农村的大学生，在教育资源在城市与农村不均等分配的今天，这个问题值得关注。

表6.17 以0和1值为代理变量的回归结果

变量	剔除无班主任样本 IV_2SLS (1)	办学层次的异质性 本科 IV_2SLS (2)	办学层次的异质性 专科 IV_2SLS (3)	自己的学业情况 办学性质的异质性 普通公办 IV_2SLS (4)	自己的学业情况 办学性质的异质性 普通民办 IV_2SLS (5)	自己的学业情况 办学性质的异质性 其他（成人、网络、独立学院） IV_2SLS (6)	生源地户口的异质性 城镇大学生 IV_2SLS (7)	生源地户口的异质性 农村大学生 IV_2SLS (8)
对班主任老师的满意程度	0.1128*** (0.0341)	0.0515** (0.0257)	0.1131*** (0.0391)	0.0753*** (0.0244)	0.0068* (0.061)	0.1755** (0.073)	0.1137** (0.0492)	0.0462* (0.0258)
性别	−0.1037 (0.0655)	−0.1033 (0.0558)	−0.1635 (0.0651)	−0.1033 (0.0658)	−0.1634 (0.0556)	−0.1034 (0.0555)	−0.1037 (0.0557)	−0.1036 (0.0555)
是否参加学生社团	−0.2475 (0.1104)	−0.2474 (0.1102)	−0.2473 (0.1094)	−0.2474 (0.1105)	−0.2471 (0.1094)	−0.2471 (0.1101)	−0.2477 (0.1094)	−0.2478 (0.1102)
参加了几个社团	0.4336 (0.0581)	0.4315 (0.0686)	0.4337 (0.0587)	0.4315 (0.0689)	0.4339 (0.0582)	0.4316 (0.0683)	0.4332 (0.0583)	0.4311 (0.0686)
实习兼职经历	−0.0634 (0.0562)	−0.0635 (0.0561)	−0.0653 (0.0565)	−0.0643 (0.0564)	−0.0656 (0.0568)	−0.0665 (0.0567)	−0.0667 (0.0563)	−0.0676 (0.0561)
与父亲的关系如何	−0.0566 (0.0521)	−0.0368 (0.0524)	−0.0666 (0.0523)	−0.0568 (0.0524)	−0.0466 (0.0523)	−0.0768 (0.0528)	−0.0766 (0.0528)	−0.0668 (0.0525)

续表

<table>
<tr><th rowspan="3">变量</th><th rowspan="2">剔除无班主任样本</th><th colspan="2">办学层次的异质性</th><th colspan="3">办学性质的异质性</th><th colspan="2">生源地户口的异质性</th></tr>
<tr><th>本科</th><th>专科</th><th>普通公办</th><th>普通民办</th><th>其他（成人、网络、独立学院）</th><th>城镇大学生</th><th>农村大学生</th></tr>
<tr><th>IV_2SLS（1）</th><th>IV_2SLS（2）</th><th>IV_2SLS（3）</th><th>IV_2SLS（4）</th><th>IV_2SLS（5）</th><th>IV_2SLS（6）</th><th>IV_2SLS（7）</th><th>IV_2SLS（8）</th></tr>
<tr><td>与母亲的关系如何</td><td>0.0983*
(0.1062)</td><td>0.0981*
(0.1161)</td><td>0.0984*
(0.1066)</td><td>0.0984*
(0.1165)</td><td>0.0989*
(0.1068)</td><td>0.0759*
(0.1167)</td><td>0.0763*
(0.1069)</td><td>0.0987*
(0.1063)</td></tr>
<tr><td>对父母的信任度</td><td>0.0635**
(0.0432)</td><td>0.0652**
(0.0435)</td><td>0.0645**
(0.0369)</td><td>0.0651**
(0.0434)</td><td>0.0665**
(0.0368)</td><td>0.0658**
(0.0438)</td><td>0.0656**
(0.0269)</td><td>0.0659**
(0.0437)</td></tr>
<tr><td>家庭社会地位</td><td>0.0053
(0.0456)</td><td>0.0052
(0.0466)</td><td>0.0053
(0.0456)</td><td>0.0052
(0.0466)</td><td>0.0053
(0.0456)</td><td>0.0052
(0.0466)</td><td>0.0053
(0.0456)</td><td>0.0052
(0.0466)</td></tr>
<tr><td>家庭经济条件</td><td>-0.0435
(0.0324)</td><td>-0.0292
(0.0345)</td><td>-0.0367
(0.0437)</td><td>-0.0564
(0.0356)</td><td>-0.0345
(0.0453)</td><td>-0.0236
(0.0546)</td><td>-0.0291
(0.0453)</td><td>-0.0546
(0.0549)</td></tr>
<tr><td>父亲的受教育程度</td><td>0.0437**
(0.0476)</td><td>0.0564**
(0.0487)</td><td>0.0456**
(0.0492)</td><td>0.0498**
(0.0435)</td><td>0.0387**
(0.0487)</td><td>0.0461**
(0.0457)</td><td>0.0549**
(0.0497)</td><td>0.0437**
(0.0499)</td></tr>
<tr><td>母亲的受教育程度</td><td>0.0076
(0.0354)</td><td>0.0077
(0.0378)</td><td>0.0087
(0.0345)</td><td>0.0068
(0.0376)</td><td>0.0089
(0.0368)</td><td>0.0068
(0.0358)</td><td>0.0076
(0.097)</td><td>0.0054
(0.0399)</td></tr>
</table>

续表

变量	剔除无班主任样本 IV_2SLS (1)	办学层次的异质性 本科 IV_2SLS (2)	办学层次的异质性 专科 IV_2SLS (3)	办学性质的异质性 普通公办 IV_2SLS (4)	办学性质的异质性 普通民办 IV_2SLS (5)	办学性质的异质性 其他（成人、网络、独立学院）IV_2SLS (6)	生源地户口的异质性 城镇大学生 IV_2SLS (7)	生源地户口的异质性 农村大学生 IV_2SLS (8)
对学校的满意程度	0.1372*** (0.0365)	0.1451*** (0.0345)	0.1492*** (0.0335)	0.1761*** (0.0347)	0.1662*** (0.0387)	0.1551*** (0.0366)	0.1772*** (0.0388)	0.1851*** (0.0379)
非周末学习时间	−0.0081 (0.0129)	−0.0083 (0.0219)	−0.0082 (0.0249)	−0.0085 (0.0432)	−0.0084 (0.324)	−0.0088 (0.0325)	−0.0086 (0.0346)	−0.0089 (0.0278)
周末学习时间	0.0654** (0.0321)	0.0456** (0.0322)	0.0474** (0.0324)	0.0768** (0.0328)	0.0658** (0.0326)	0.0359** (0.0325)	0.0589** (0.0329)	0.0358** (0.0322)
现在的户口状况	0.0049 (0.0946)	0.0043 (0.0961)	0.0043 (0.0934)	0.0053 (0.0954)	0.0044 (0.0966)	0.0055 (0.0967)	0.0034 (0.0964)	0.0036 (0.0969)
过去12个月是否有亲戚朋友给支付学费	0.0141 (0.1214)	0.0142 (0.1224)	0.0143 (0.1322)	0.0144 (0.1333)	0.0142 (0.1346)	0.0145 (0.1365)	0.0152 (0.1366)	0.0147 (0.1348)
是否获得政府、学校及其他组织机构支付学费	−0.0511 (0.0444)	−0.0529 (0.445)	−0.0501 (0.0434)	−0.0525 (0.456)	−0.0526 (0.0454)	−0.0524 (0.453)	−0.0522 (0.0434)	−0.0526 (0.4566)

续表

	剔除无班主任样本	办学层次的异质性		自己的学业情况 办学性质的异质性			生源地户口的异质性	
		本科	专科	普通公办	普通民办	其他（成人、网络、独立学院）	城镇大学生	农村大学生
变量	IV_2SLS (1)	IV_2SLS (2)	IV_2SLS (3)	IV_2SLS (4)	IV_2SLS (5)	IV_2SLS (6)	IV_2SLS (7)	IV_2SLS (8)
截距项	4.0163*** (0.0767)	4.1233*** (0.0736)	3.1105*** (0.6691)	3.6524*** (0.4232)	4.6741*** (0.4791)	4.6741*** (0.4106)	4.0163*** (0.5767)	3.1233*** (0.5766)
R^2	0.107	0.1115	0.211	0.1044	0.2847	0.4147	0.1842	0.1196
第一阶段F统计量	14.02***	45***	23.8***	44.47***	13.46***	13.88***	27.69***	46.43***
第二阶段Wald检验chi2值	80.12	46.57	69.74	50.76	37.91	64.73	40.84	62.56
Cragg–Donald Wald F统计量	349.9	335.96	127.86	334.7	77.4	69.66	138.65	334.47
Sargan检验（P值）	0.117 (0.7323)	0.833 (0.3614)	1.2221 (0.2691)	0.363 (0.5466)	0.197 (0.6571)	1.003 (0.3167)	0.002 (0.9635)	0.011 (0.9167)
观测值	622	391	283	487	95	92	207	467

注：***、**、*分别表示在1%、5%和10%的水平上显著；括号内为稳健标准误

（三）机制检验

由于班主任的作用机制必须以有班主任存在的样本进行分析，因此，本部分的样本是622个，没有班主任的大学生样本不纳入分析。

1. 人缘关系（relationship）

大学生人缘关系可能是大学班主任影响其学业的部分中介，基于此，本研究采用如下中介效应模型来检验大学班主任是否通过改善大学生人缘关系进而提升大学生的学业水平，其中，relationship代表大学生人缘关系，模型（6.3）验证大学班主任满意度对大学生学业的影响，模型（6.4）验证大学班主任满意度对大学生人缘关系的影响，模型（6.5）进一步验证在控制大学生人缘关系的情况下，大学班主任满意度是否对大学生学业状况存在影响。根据中介效应模型的理论原理，如果模型（6.4）的系数a显著不为0，则表明大学班主任满意度对大学生人缘关系具有显著影响，此时则继续对模型（6.5）进行回归分析，否则停止检验。如果模型（6.5）的系数c'显著不为0，且模型（6.5）的系数c'小于模型（6.3）中系数c，即表明大学班主任通过改善大学生人缘关系进而提升大学生的学业水平。

$$\text{STD}_i = c_0 + c \times \text{headmaster} + \sum_{i=1}^{n} c_i \times \text{controls} + \xi_i \quad (6.3)$$

$$\text{relationship} = a_0 + a \times \text{headmaster} + \sum_{i=1}^{n} a_i \times \text{controls} + \xi_i \quad (6.4)$$

$$\text{STD}_i = c_0' + c' \times \text{headmaster} + b \times \text{relationship} + \sum_{i=1}^{n} b_i \times \text{controls} + \xi_i \quad (6.5)$$

表6.18列示了以"M（人缘关系）"衡量大学生人缘关系的中介效应模型回归结果。结果显示：第（2）列中班主任老师满意程度的系数为0.2205，在1%水平上显著，说明对班主任老师满意程度越高的大学生人缘关系越好；第（3）列对班主任老师的满意程度以及大学生人缘关系的系数均显著不为0，且第（3）列中对班主任老师的满意程度的系数为0.0865，

小于第（1）列对班主任老师的满意程度的系数0.1055，且Sobel-Goodman中介效应检验结果 Sobel 统计量Z值为2.616，在1%水平上显著，即通过了Sobel检验，表明大学生人缘关系是大学班主任影响其学业的部分中介变量，大学班主任通过改善大学生人缘关系进而提升大学生的学业水平。

表6.18　机制检验——人缘关系

变量	（1）自己的学业情况（模型3）	（2）M（人缘关系）（模型4）	（3）自己的学业情况（模型5）
M（人缘关系）			0.0862*** （0.0218）
对班主任老师的满意程度	0.1055*** （0.0343）	0.2205*** （0.0632）	0.0865*** （0.0342）
性别	−0.0436 （0.0655）	−0.0434 （0.0558）	−0.0636 （0.0651）
是否参加学生社团	−0.0075 （0.0104）	−0.0074 （0.0102）	−0.0073 （0.0094）
参加了几个社团	0.0336 （0.0583）	0.0315 （0.0786）	0.0337 （0.0685）
实习兼职经历	−0.1634 （0.0762）	−0.1631 （0.0781）	−0.1658 （0.0696）
与父亲的关系如何	−0.0761 （0.0321）	−0.0762 （0.0324）	−0.07664 （0.0323）
与母亲的关系如何	0.1983* （0.6762）	0.1981* （0.6361）	0.1984* （0.6661）
对父母的信任度	0.0987** （0.1432）	0.0988** （0.1435）	0.0895** （0.1361）
家庭社会地位	0.0253 （0.6456）	0.02052 （0.6466）	0.0254 （0.6551）
家庭经济条件	−0.6535 （0.0924）	−0.6792 （0.0845）	−0.6664 （0.0031）

续表

变量	（1）自己的学业情况（模型3）	（2）M（人缘关系）（模型4）	（3）自己的学业情况（模型5）
父亲的受教育程度	0.1438** (0.0786)	0.1534** (0.0797)	0.1454** (0.0996)
母亲的受教育程度	0.0134 (0.0335)	0.0125 (0.0367)	0.0156 (0.0398)
对学校的满意程度	0.3241*** (0.1365)	0.3245*** (0.1045)	0.3413*** (0.1335)
非周末学习时间	−0.0981 (0.0126)	−0.0983 (0.021)	−0.0987 (0.0241)
周末学习时间	0.0765** (0.0367)	0.0689** (0.039)	0.0784** (0.0383)
现在的户口状况	0.0132 (0.0941)	0.0178 (0.0963)	0.0194 (0.093)
过去12个月是否有亲戚朋友给支付学费	0.0541 (0.121)	0.0562 (0.1222)	0.0468 (0.1328)
是否获得政府、学校及其他组织机构支付学费	−0.0933 (0.0641)	−0.0988 (0.674)	−0.0897 (0.0698)
常数项	6.0134*** (0.0879)	6.5433*** (0.0569)	6.1901*** (0.0931)
R^2	0.1214	0.1466	0.1437
F值	4.91***	6.1***	5.62***
观测值	622	622	622
Sobel统计量		0.019*** (2.616)	

注：***、**、*分别表示在1%、5%和10%的水平上显著；Sobel统计量括号内为Z统计量，其他括号内为稳健标准误，下表同

2.未来信心（confidence）

以"M（对自己未来的信心程度）"代表大学生对未来的信心，模型（6.6）与前文一致，验证大学班主任满意度对大学生学业的影响，模型（6.7）验证大学班主任满意度对大学生未来信心的影响，模型（6.8）进一步验证在控制大学生未来信心的情况下，大学班主任满意度是否对大学生学业状况存在影响。

$$\mathrm{RP}_i = c_0 + c \times \mathrm{finance} + \sum_{i=1}^{n} c_i \times \mathrm{controls} + \xi \quad (6.6)$$

$$\mathrm{confidence} = a_0 + a \times \mathrm{finance} + \sum_{i=1}^{n} a_i \times \mathrm{controls} + \xi \quad (6.7)$$

$$\mathrm{RP}_i = c_0' + c' \times \mathrm{finance} + b \times \mathrm{confidence} + \sum_{i=1}^{n} b_i \times \mathrm{controls} + \xi \quad (6.8)$$

表6.19列示了以confidence代表大学生对未来的信心的中介效应模型回归结果。结果显示：第（2）列中班主任老师满意程度的系数为0.1253，在1%水平上显著，说明对班主任老师满意程度越高的大学生其对自己的未来信心也越强；第（3）列对班主任老师的满意程度以及大学生未来信心的系数均显著不为0，且第（3）列中对班主任老师的满意程度的系数为0.0837，小于第（1）列对班主任老师的满意程度的系数0.1055，且通过了Sobel检验，表明大学生对未来的信心是大学班主任影响其学业的部分中介变量，大学班主任通过提升大学生对未来的信心进而提升大学生的学业水平。

表6.19 机制检验——未来信心

变量	（1）自己的学业情况（模型3）	（2）M（对自己未来的信心）（模型6）	（3）自己的学业情况（模型7）
M（对自己未来的信心程度）			0.1734*** （0.0377）
对班主任老师的满意程度	0.1055*** （0.0343）	0.1253*** （0.0364）	0.0837*** （0.0341）
性别	−0.678 （0.1356）	−0.4579 （0.1457）	−0.4528 （0.1536）
是否参加学生社团	−0.4573 （0.0998）	−0.5472 （0.0923）	−0.4698 （0.0969）
参加了几个社团	0.4357 （0.1342）	0.4578 （0.1365）	0.5479 （0.1376）
实习兼职经历	−0.0789 （0.1345）	−0.0758 （0.1387）	−0.0783 （0.1392）
与父亲的关系如何	−0.6784 （0.0562）	−0.6823 （0.0529）	−0.0983 （0.1521）
与母亲的关系如何	0.0981* （0.0065）	0.0982* （0.0068）	0.1703** （0.1427）
对父母的信任度	0.0348** （0.0555）	0.0435** （0.0556）	0.0659** （0.0768）
家庭社会地位	0.0123 （0.0877）	0.0143 （0.0888）	0.0092 （0.1256）
家庭经济条件	−0.0768 （0.0456）	−0.0769 （0.0453）	−0.0131 （0.1654）
父亲的受教育程度	0.0768** （0.1324）	0.0778** （0.1356）	0.0432* （0.0497）
母亲的受教育程度	0.0078 （0.0476）	0.0079 （0.0468）	0.0069 （0.1352）

续表

变量	（1）自己的学业情况（模型3）	（2）M（对自己未来的信心）（模型6）	（3）自己的学业情况（模型7）
对学校的满意程度	0.0761*** (0.0647)	0.0662*** (0.0386)	0.0551*** (0.0369)
非周末学习时间	−0.0185 (0.1436)	−0.0184 (0.1435)	−0.0189 (0.0326)
周末学习时间	0.0799** (0.0323)	0.0698** (0.0327)	0.135** (0.0321)
现在的户口状况	0.0056 (0.1954)	0.0054 (0.1966)	0.0059 (0.0969)
过去12个月是否有亲戚朋友给支付学费	0.1145 (0.1331)	0.1143 (0.1348)	0.0145 (0.1369)
是否获得政府、学校及其他组织机构支付学费	−0.0925 (0.0561)	−0.0926 (0.05543)	−0.0529 (0.0453)
常数项	3.6524*** (0.4232)	4.6741*** (0.4791)	4.6741*** (0.4106)
R^2	0.1214	0.1822	0.1513
F值	4.91***	7.92***	5.97***
观测值	622	622	622
Sobel 检验		0.022*** (2.759)	

六、研究结论与启示

（一）研究结论

在相关理论分析的基础上，以CFPS 2020大学生数据为研究样本，采用OLS模型及工具变量法分析了大学生对班主任老师的满意度对大学生学业的影响。结果表明：大学生对班主任的满意度越高，大学生的学业表现越好，但在本专科层次、公民办大学以及大学生生源地等方面的影响程度方面存在差异：与本科相比，专科层次中班主任的影响更大；办学性质方面，普通民办大学中班主任的影响最小，普通公办大学中班主任的影响居中，其他类型的大学（包括成人教育、网络教育、独立学院等）中班主任的影响最大；在生源地方面，班主任对来自城镇的大学生的影响相比于农村的更大。影响机制表明，大学班主任主要通过改善大学生人缘关系、增强大学生对未来的信心等路径来提升大学生的学业水平。

（二）研究启示

相对于中小学生而言，大学生在自主学习、学习的自觉性等方面都强得多，其学业状况很大程度上可以由自己决定。但大学班主任仍然发挥着十分重要的作用，不管是大学生的学习生活，还是日常活动，大学班主任依然是不可或缺的（李月晴，2020）。大学班主任必须创新工作方法，积极发挥高校教师优势，结合大学生个体的实际情况，引导其学会学习、学会生活，培养其技能，提升大学生对班主任的满意度，使其成为对社会有用之才。

第一，尊重和关爱学生，构建和谐的师生关系。

大学生对班主任老师的满意度，最终会体现在大学生对班主任老师的内心感受上。因此，大学班主任老师首先要充分尊重和关爱学生，才可能提升学生的满意度。一般情况下，经过十几年的学习考上大学后，大学生的心理、生理日渐成熟，此时的大学生个体都具有极强的自尊心，也处于容易产生逆反心理的时期。因此，班主任与大学生探讨学习、生活等相关问题时，要尊重学生的人格，以平等的身份对出现的问题进行探讨，才不至于引起学生的叛逆心理。特别是在日常教学活动以及日常生活中，需多关注大学生的情感、情绪等状态变化并给予相应指引，从这些细微之处提升大学生对班主任的信任和满意度，以此为改善学生学业奠定基础。

第二、宽严相济，创建友爱和谐正能量的班级。

创新工作方法，做到宽严相济，在关爱学生的基础上，有必要对大学生进行严格的要求。大学生的管理教育需要以爱为前提，爱能够给人带来温暖，但在大是大非问题上，需要以严格为准则，此时的严格实际上就是一种保护，是爱的一种体现。在政治上，班主任老师需要引导大学生爱国，遵纪守法，树立正确的价值观。在学习上，班主任老师需要引导大学生"积极向上、力争上游"，努力提升专业能力，积极拓展普适性能力，不断巩固核心竞争力，实现"知识点、能力线、素质面"等的良好融合。在行为上，班主任老师需要引导大学生遵守校纪校规、举止文明礼貌、与同学团结友爱等。

第三，充分关注特殊群体，提升全体班级成员的信心。

大学生中还或多或少存在一些比如在情感、心理健康、学业等方面有些特殊的群体。对于这部分大学生，班主任老师需加以特别关注和关心，引导其健康发展。需要根据具体问题分别采用不同的方法加以解决，但都离不开有效的沟通与交流。"霍桑效应"表明每个人都有被关注的需求。霍桑效应同样也在个性突出、自尊意识较强的大学生群体中存在。班主任老师可以通过多与大学生沟通与交流，直接或者间接地了解可能存在的问题产生的根源，并对其进行良好疏导。可以以自身经历、可以以案例引导、可以以理论开导等，在尊重学生隐私的基础上，与大学生进行深入的沟通与交流，帮助大学生走出困境。通过这些方法，帮助大学生树立美好愿景，让每位同学都能对未来充满希望，提升完善自我的信心，并进而提升学业水平，形成良性循环。

第五节　金融科技背景下知识产权金融实务人才培养课程体系构建研究

强化知识产权金融实务人才的培养是支撑我国创新型国家建设的重要途径。突出核心能力培养，从而培养应用型知识产权金融实务人才是构建该课程体系的关键，注重市场需求、开设跨学科专业的创新交叉课程、强化特色培养是构建该课程体系的可行手段。

在知识经济时代，知识产权成为对一个国家发展起决定性作用的战略性资源，而金融是现代经济的核心。知识产权金融是指知识产权与金融资源的有效融合，通过金融手段充分实现知识产权的价值。促进知识产权与金融资源的有效融合，对于加快知识产权创新成果转化为现实生产力，支撑和引领产业高端发展、转型发展和科学发展具有重要意义。

但就目前的形势来说，我国高校的知识产权人才培养构建仍然简单地停留在知识产权人才培养或金融人才培养中，缺乏综合性和时代感，其中还存在很多不足之处。在创新驱动发展战略的背景下，以知识产权金融实务人才为代表的应用型知识产权专业人才的短缺日益成为知识产权金融服务助推国家创新驱动发展的瓶颈。百年大计，教育为本，我国知识产权事业能否健康发展进而实现我国创新驱动发展的关键是人才培养。

一、知识产权金融实务人才培养质量的具体要求

（一）对知识产权金融实务人才知识、能力及素质的具体要求

1. 知识要求

培养熟悉与金融经济相关的法律知识、行业法规、监管规章及金融机构内部规章；掌握面向经济金融一线的应用型专门人才应必备的文化知识；掌握货币银行学、国际金融、证券、投资、保险等方面的基本理论和基本知识。

2. 能力要求

知识产权金融实务人才必须以现代经济、金融、管理等财经学科知识为基础，在掌握系统的法学知识及理论背景下，突出知识产权法学知识，并且拥有较强的相关法律实践应用能力，能在企业、事业单位、国家机关和社会团体的知识产权、日常法律事务、科研管理等领域从事咨询与服务、管理与保护等工作。

3. 素质要求

具有良好的身心素质、人文素质、道德素质和团队精神，自觉践行社

会主义核心价值观，符合国家对本科人才培养规格的基本要求。

（二）知识产权金融实务人才知识、能力及素质的实现途径

1. 知识培养的主要实现途径

依托包括通识教育课程平台、学科基础教育课程平台、专业教育课程平台、创新创业课程平台和实践教学课程平台在内的课程体系及教学计划，强化理论知识学习和专业技能培养。

2. 能力培养的主要实现途径

依托实践教学环节（建立相应的实验实践课程体系以及专业实习、毕业实习、学年论文等环节）和创新创业平台的相关课程体系及相关赛事，强化专业技能的进一步培养和应用，突出应用型人才培养。

3. 素质培养的主要实现途径

通过在校期间学校的通识课程教育、第二课堂以及学院创新创业平台的部分赛事强化学生综合素质的培养。

（三）知识产权金融实务人才核心能力的培育

1. 核心能力的内涵

1974年，德国学者默滕斯（Mertens）在其著作《关键能力——现代社会的教育革命》中首次提出"key skills"（关键能力）。关键能力也即我们所说的核心能力，指从事任何一种职业或工作都必须具备的且是最基本的一般能力。

核心能力强调的是，当工作环境、劳动组织或职业等发生变化时，面对这些变化，具备这一能力的劳动者依然能很好地为社会做贡献，因此，也称之为通用能力（common skills）。联合国教科文组织对核心能力的定义比较有权威性："使受教育者获得在某一领域内从事几种工作所需要的广泛的知识和基本技能，使之在选择职业时不致受到本人所受教育的限制，甚至在一生中可以从一个活动领域转向另一个活动领域。"（吴盈盈，2008）

在国家层面，原劳动和社会保障部于1998年9月率先提出构建职业核

心能力体系的建议，并在其颁布的《国际技能振兴战略》中按职业分类把能力分为三个层面：专业特定能力、行业通用能力和核心能力。其中把职业核心能力分为八项：与人交流、数字应用、信息处理、与人合作、解决问题、自我学习、创新革新和外语应用等。

职业核心能力的培养是比较复杂的问题，核心能力中的各项能力是一体化的，并且整个能力的培养有高度的情境依赖性，割裂开来或者是只开一门"职业核心能力"课程都无法有效地培养职业核心能力。其原因是职业核心能力包括了方法能力和社会能力，方法能力和社会能力的有机统一，只能在职业活动和一般的社会活动之中有机融合才会实现，这就需要通过合理的课堂课程教学与结构与多元的学习途径，并辅以适度的专业实践等进行多方位综合培养（丘东晓、刘楚佳，2011）。

3. 知识产权金融实务人才的职业核心能力

虽然职业核心能力具有普遍适用性，但针对具体行业和专业，核心能力的侧重点是不同的。

笔者认为，知识产权金融实务人才的职业核心能力可定义为：通过职前高等教育系统化培养与职后持续培训，掌握知识产权法学原则，具备知识产权运作实践应用、日常法律事务处理及科研管理能力，形成专业、技能与素质一体化的综合能力体系。

二、我国知识产权金融实务人才培养课程体系存在的问题

刘亮、贺静茹（2018）的调查发现，我国知识产权金融人才培养中存在的问题主要包括知识产权金融知识学习不深入（70%）、知识产权金融知识学习不全面（49%）、知识产权金融知识学习脱离实践（30%）、课程安排不合理（12%）等。

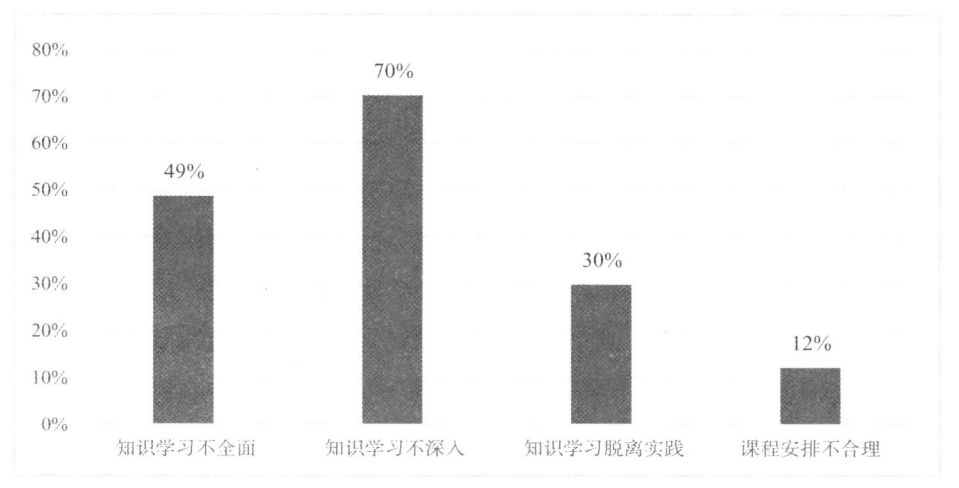

图6.11 我国知识产权金融人才培养中存在的不足[①]

从课程体系的角度来看，主要存在以下问题：

（一）课程主要以知识产权法学为主，导致同质化严重

目前较多高校知识产权金融人才本科课程设置以知识产权法学为主，辅以一些金融、经济、管理与应用技能课程，课程体系不能充分体现知识产权学科的"复合性""应用性"。刘亮等（2018）的调查发现，大多数知识产权金融人员都是法学人才，知识产权金融人才培养存在同质化问题，而知识产权金融人才是需要多领域知识的高端人才，因此，在培养时可以根据需要方向安排课程，多方面、多领域教学，增强师资，理论与实践相结合等。与此同时，还需要在学科设置、学生来源上下功夫，要实现专业人才培养，也需要进行多层次培养，如本科、研究生层次等。

（二）知识产权法的相关课程设置过多过细

目前较多高校知识产权金融人才的培养，知识产权法的相关课程设置过多过细，但对传统法学主干课程，如法理学、民商法、经济法、刑法

[①] 转引自刘亮，贺静茹，2018. 关于建立知识产权金融人才培养及评价体系的研究[J]. 中国发明与专利，（6）：25-33.

等，要么不开，要么压缩课时，导致培养出来的学生法学功底不扎实，且与"宽口径、厚基础"的本科人才培养相冲突。

（三）金融、经济、管理与实务课程设置过少、课时过少

由于过多注重知识产权法的相关课程，就必然导致金融、经济、管理与实务课程设置过少、课时过少，结果就是缩小学生就业口径，错过社会急需知识产权管理与服务人才的大好时机，直接影响学生就业。从长远来看，不利于学生知识的积累、储备与技能的掌握。

三、突出核心能力培养的知识产权金融实务人才课程体系改革研究

知识产权人才培养至少应该包括的主要课程为经济学、管理学、法学及其交叉学科等课程，而为了突出知识产权金融实务人才的特色化培养，则必须包括：知识产权金融操作实务与案例分析；知识产权质押融资、专利保险等相关政策文件解读；银行质押融资产品、专利保险产品、运营平台介绍；知识产权质押融资、专利保险实务及流程介绍等相关课程。

（一）开设跨学科专业的创新交叉课程

探索建立跨院系、跨学科、跨专业交叉培养创新创业人才的新机制，促进人才培养由学科专业单一型向多学科融合转变。当前广东高校知识产权人才的培养主要集中于重点高校法学专业为基础的人才培养，更多地侧重于如何进行知识产权的运营与保护，而知识产权运用型人才的知识结构更加偏向于理工科专业背景。在普通高校中对开展以职业为导向的知识产权教育和知识产权师资教育重视不够，应该采用什么样的模式进行知识产权教育，中小微企业的知识产权人才在岗培训模式如何建立等都值得深入研究和讨论。各类高校特别是财经类职业院校可以此为契机，运用超前眼光在课程教学中加大金融知识的课程设置，培养出有特色的能适应社会需求的知识产权金融实务人才。

（二）注重市场需求的人才培养课程体系

本研究通过构建市场需求导向的知识产权金融实务人才课程体系，形

成涵盖法学原理、实务操作与科研管理的多维能力框架，为中国特色知识产权教育体系提供理论范式。该培养机制通过产教融合模式强化了人才对专利转化、金融工具运用及法律风险管控的复合型能力。

广东省虽在专利授权量、区域创新力等指标上表现突出，但中小企业的专利质量缺陷及管理体系薄弱等问题，凸显知识产权大省向强省转型中的制度性缺陷。数据表明，2023年广东省专利和商标质押金额达2306.71亿元，但专利证券化产品的发展仍处于初步阶段，揭示了金融创新与实体需求间的结构性矛盾，亟须通过应用型人才培养破解创新要素转化效能不足的瓶颈。

（三）注重知识产权金融实务师资人才的特色培养

知识产权金融实务人才是一种复合型人才，其需要同时具备一定的法律知识、管理知识和专业知识。由于各个领域都可能会涉及知识产权问题，而一个人不可能对所有的领域都有涉猎，往往只侧重某个领域，故知识产权人才的发展也将专注于某一领域的深度发展。各个高校在知识产权人才培养上不应完全照抄照搬其他成功院校的经验，而应立足自身优势，紧跟我国知识产权发展脉络培养特色型知识产权人才。依托广东技术师范大学引领职教、服务职教的示范作用对培养知识产权金融实务师资人才进行有益的尝试，将对推广普及知识产权意识起到重要作用。

四、本节小结

知识产权是我国科技发展的核心力量，而随之兴起的知识产权金融是一个新领域，有关知识产权金融的政策、教育、培养等方面还在初步发展中，其存在的问题可归纳为：一是国家之前对知识产权金融人才的培养不重视，二是我国高校知识产权人才培养缺少特色性培养。知识产权金融人才是一种复合型人才，需要掌握包括经济、法律及投资等方面的多门专业知识，而人才的培养是一个长期的过程，需要投入大量的财力、物力，需要国家大力扶持以及重视。除此之外，还需要学校与社会的全力配合。学校应开设知识产权金融相关专业,使学生系统掌握该领域的知识体系,构建完整的知识框架。另外,学校的理论知识应该与社会实践相结合,争取与企业合作。在教师方面,学校应多组织教师实践培养,努力先让教师与社会接轨,间接让学生与社会接轨,这样才能更好地培养知识产权金融实务人才。

第六节 本章小结

在金融科技背景下,本科金融人才培养的个案分析揭示了当前教育体系在适应快速变化的环境时所面临的挑战与机遇。本章首先以广东技术师范大学金融学专业为例,介绍了新科技革命背景下应用型本科高校金融学专业人才培养的改革措施和效果;其次,以广东技术师范大学省级一流本科课程金融学为例,介绍了金融科技背景下金融学课程建设的过程和方法;第三,以广东技术师范大学与广州番禺职业技术学院联合培养本科金融人才为例,介绍了金融科技背景下高职本科一体化金融人才培养的做法;第四,从班主任对大学生学业影响的视角,实证分析了金融科技背景下大学班主任对大学生学业的影响机理和效果;第五,探讨了金融科技背景下知识产权金融实务人才课程体系的构建策略。

在金融科技背景下,应用型本科金融人才必须走跨学科的培养模式,这有助于培养学生的综合素质和创新能力。必须增加前沿技术课程和综合课程的设置,紧跟金融科技的发展步伐,增设大数据分析、人工智能应用、区块链技术等前沿技术课程以及跨学科的综合课程,如金融科技案例分析、金融创新与风险管理等,以提升学生的综合能力和解决实际问题的能力以及注重培养学生的综合素质。在实践教学环节,必须通过设立金融科技实验室、与企业合作建立实习基地等方式,加强实践教学,使学生能够在真实或模拟的金融环境中学习和应用所学知识。

尽管这些个案在金融科技背景下取得了一定的成绩,但仍面临着诸多挑战和机遇。一方面，金融科技领域的快速发展要求教育体系不断更新和完善；另一方面，这也为金融人才培养提供了更多的机遇和空间。个案分析表明，金融科技背景下本科金融人才培养需要注重跨学科融合、实践教学和创新能力培养等方面的工作。为了应对挑战和抓住机遇，高校应加强与企业和科研机构的合作与交流，优化课程设置和教学方式，建立完善的人才培养和激励机制，并关注金融科技领域的最新动态和发展趋势。通过这些措施的实施和不断完善，可以培养出更多适应金融科技时代需求的优秀金融人才。

第七章　金融科技时代应用型本科高校金融人才培养对策建议

针对金融科技时代市场对应用型本科高校金融人才的要求，以及应用型本科高校金融人才培养存在的问题，各高校应以市场需求为导向，通过以课程体系改革为抓手、以实践条件建设为基础、以创新创业为引领，实现实践与理论教学融合、人才培养与师资培养同步、高校人才培养与企业发展合作共赢的人才培养路径，以提高人才培养质量。应用型本科高校金融人才的培养改革可以从以下几个方面展开。

第一节　合理规划金融科技时代金融人才的培养方案

在金融科技发展的背景下，应用型本科高校金融人才培养应遵循培养复合型金融人才的总目标和以提高学生应用能力为核心的子目标。及时更新人才培养方案，加强对新技术的应用，将实践性课程纳入教学计划，提高学生的应用能力。

一、合理规划本科金融学专业的培养目标

针对金融科技时代对金融人才需求的特点，各应用型本科高校在人才培养方向、人才培养目标、课程体系建设等方面都应重新定位，形成自己的特色及方案。金融的多元化、全球化、网络化等提高了市场对金融人才

的专业要求，高校的金融学专业如何培养出高质量的复合型金融专业人才已成为高等教育服务金融强国建设的战略要务。培养目标应该以社会对复合型金融人才的现实需求为总基调，结合高校自身优势培养出有特色的金融人才。例如，总目标可以是培养符合社会需求的复合型金融人才；可以是培养符合金融服务领域一线就业岗位需求的技术技能型金融人才；也可以是提高学生的综合能力和职业技能，培养出金融实务能力强的复合型金融专业人才等。

二、明确本科金融学专业的培养规格

在金融科技时代，应用型本科金融人才教育可以创新性地对现有教学模式进行合理完善和改革，着重强调对学生分析问题、解决问题能力的重视，从而进一步满足为社会输送更多复合型金融人才的需求。

（一）知识要求

培养熟悉与金融经济相关的法律知识、行业法规、监管规章及金融机构内部规章；掌握面向经济金融一线的应用型专门人才必备的文化知识；掌握货币银行学、国际金融、证券、投资、保险等方面的基本理论和基本知识。

（二）素质要求

掌握从事本专业实际业务如银行会计、出纳、储蓄、客户经理、信贷、金融监管、保险、证券投资、投资理财、资金调度等岗位的工作能力和适应相邻专业业务工作的能力；受到相关业务的基本训练，能胜任各种金融机构、相关中介机构和政府部门一线岗位的业务操作和管理工作，或大中专院校、各类职业技术学校以及社会其他部门的教学、管理及科研等工作。

（三）能力要求

具有良好的身心素质、人文素质、道德素质和团队精神，自觉践行社会主义核心价值观，符合国家对本科人才培养规格的基本要求。

三、注重以市场需求为导向的人才培养方案制定

从市场的人才需求出发，构建与市场需求相适应的应用型金融实务人才能力体系，适时调整人才培养方案。新时代的金融实务人才必须以现代经济、金融、管理等财经学科知识为基础，在掌握系统的金融知识的背景下，突出核心能力培养，并且拥有较强的实践应用能力，具备金融实务专业技能，具有较强的社会适应能力，胜任银行、证券、保险等金融机构及政府部门和企事业单位的专业工作，具有扎实理论功底、精湛专业技能、良好综合素质的应用型金融人才。

第二节　重构应用型金融人才培养模式

一、优化"金融基本理论+新技术应用"并重的理实一体育人模式

在金融科技时代，"金融基本理论+新技术应用"并重的理实一体育人模式是较好地培养符合市场需求的应用型本科金融人才的方式。

金融基本理论是金融科技发展的基石，为新技术在金融领域的应用提供了理论支撑和指导。这些理论包括但不限于金融市场理论、金融机构理论、金融工具理论等。金融科技的核心在于将新技术应用于金融领域，提高金融服务的效率和质量，降低运营成本。这些新技术主要包括大数据技术、人工智能技术、区块链技术、云计算技术等。

在金融科技时代，"金融基本理论+新技术应用"并重的人才培养策略主要体现在以下几个方面：（1）理论与实践相结合：在课程设置和教学内容上，既要注重金融基本理论的传授，又要强化新技术应用的教学和实践。通过案例分析、项目驱动等方式，将理论与实践紧密结合，提高学生的综合素质和解决实际问题的能力。（2）跨学科融合：鼓励金融与计算机科学、数学、统计学等学科的交叉融合，培养具有多学科背景的复合型人

才。这种跨学科的融合有助于促进新技术在金融领域的应用和创新。（3）创新驱动发展：鼓励和支持学生进行金融科技领域的创新研究和实践探索，激发学生的创新精神和创造力。通过设立创新基金、举办创新大赛等方式，为学生提供展示才华和实现梦想的舞台。（4）持续学习与更新：金融科技领域的技术更新迅速，因此要求学生具备持续学习和自我更新的能力。通过定期举办讲座、工作坊等活动，邀请行业专家和学者分享最新技术和行业动态，帮助学生保持对金融科技领域的敏锐洞察力和前瞻性思考。

"金融基本理论+新技术应用"并重的具体内容涵盖了金融基本理论的学习、新技术应用的教学与实践、跨学科融合的培养模式以及创新驱动和持续学习的策略等方面。这些内容的有机结合有助于培养出适应金融科技时代需求的复合型人才。

二、完善产学结合的人才共育模式

产学结合的人才共育模式的优势主要体现在：（1）提高人才培养质量。通过产学结合，使教学内容与实际工作需求紧密结合，提高人才培养的针对性和适用性。（2）促进毕业生就业。通过实习实训等方式，增强学生的就业竞争力，提高毕业生的就业率。（3）推动产业发展。高校与企业合作，共同进行技术研发和产品创新，推动产业升级和经济发展。

产学结合的具体策略主要有：（1）建立稳定的合作机制。高校与企业应签订长期合作协议，明确双方的权利和义务，制订详细的合作计划和实施方案。这包括共同制定人才培养方案、课程体系、实践教学计划等。（2）共同制定课程体系。高校与企业需根据行业发展趋势和市场需求，共同开发符合产业需求的专业课程和实训课程。课程内容应包含行业前沿知识、技术标准和实践案例，确保教学与实际工作需求紧密结合。（3）实施"双师型"教师队伍建设。高校与企业应互派教师或专家进行讲学、培训和科研合作，共同培养既有理论知识又有实践经验的"双师型"教师。（4）建立实习实训基地。高校与企业合作共建实训基地、产学研合作平台等，为学生提供高质量的实习实训机会。通过实践教学，增强学生的动手能力和职业素养。（5）加大投入力度。政府应加大对产学结合的支持力度，提供必要的政策和资金保障。高校和企业也应加大投入力度，共同开发和完善实践教学资源。（6）提高企业参与度。通过政策引导、利益共享等方式，提高企业参与产学结合的积极性。同时，加强对企业人员的培训和引导，使其更好地了解产学结合的重要性和意义。

总之，完善产学结合的人才共育模式需要高校、企业和政府三方的共同努力和协作。通过建立稳定的合作机制、共同制定课程体系、实施"双师型"教师队伍建设等措施，可以推动产学结合人才共育模式的深入发展，为经济社会发展培养更多高素质、高技能人才。

三、创建以创新创业为引领旨在提升学生核心竞争力的第二课堂

由于职业核心能力包括了方法能力和社会能力，各项能力是一体化的，并且整个能力的培养有高度的情境依赖性，所以并不是只开一门"职业核心能力"课程就能够培养出来的。它只能在职业活动和一般的社会活动有机融合之中实现，因此，就需要通过合理的课堂课程教学以及多元的学习途径，再加上适度的专业实践等进行多方位综合培养（丘东晓，刘楚佳，2011）。所以创建以创新创业为引领旨在提升学生核心竞争力的第二课堂很有必要。

比如组织思想道德素质培养类活动：通过对民族节日的参与，参观历史博物馆、烈士陵园，举办诗歌朗诵和演讲比赛，弘扬民族精神；开设党团知识讲座，加强对党史党情的掌握；组织学生参加形势与政策报告会、人生讲堂等活动，陶冶情操。组织社会实践与志愿服务类活动：组织各种社会实践团体深入偏远地区，开展一系列学以致用、贴近生活、惠民利民的服务活动。开展"三下乡"社会实践，体验社会角色，将理论运用到实践中。组织科技学术与创新创业类活动：组织学生参与各种创业计划竞赛、科技学术竞赛。组织学术交流活动：积极开展"杰青论坛""名师论

坛"等活动，邀请知名教授和学者，为专业教师和本科生做专题讲座和学术报告，拓展学生的学术视野。成立第二课堂建设领导小组等专门机构，形成由上至下思想及工作的统一，对金融学专业学生在第二课堂的学习进行系统的指导等。

第三节 强化面向提升学生数字化技能与行业匹配度的教学模式

老师可以根据具体情况灵活运用不同的教学模式，发挥教学的最大作用，协助金融学专业的学生学习知识、技能，锻炼综合能力。不断改进教学模式，围绕学生进步的核心勇于创新，挖掘自己的教学优势，打造个人品牌。整体上讲，金融科技时代金融供给侧结构性改革以及金融市场的创新发展，为金融服务实体经济指明了金融人才培养目标的重点和方向，因此，教学模式的改革需要兼顾宏观与微观金融发展。金融机构混合经营的趋势明显加强，金融业务的微观化越来越明显。为了满足人们多样化的金融业务需求，应用型本科金融人才的培养过程中，必须兼顾宏观与微观金融的发展，侧重于核心课程的交融与渗透，在核心课程的教学实践中培养学生的金融实务操作能力、自主学习能力、创新能力与团队合作的能力。虽然学生的综合能力越来越强引起了学生的兴趣，但也给老师带来了挑战。因此，老师必须改革教学模式，激发学生的潜能，使学生能够在专业学习的基础上，自主重构专业知识结构体系，增强实践性较强的专业技能，提升自身的竞争实力。根据课程性质的分类，这又可以从理论课程与实践课程的教学模式进行分析。

一、理论课程的教学模式

（一）传递式教学

传递式教学是指老师单方面把理论知识和基本技能传授给学生，很考验老师教学的科学性、准确性和趣味性。老师要有较强的表达能力、组织能力，能通过自身的风格让学生吸收知识。老师在教新课时，通过导入进入新课，然后把更多的知识告诉学生，让大部分学生都能掌握好必学的知识，高效地扩大学生的知识面。只有先把学生的知识盲区填充起来，学生才能具备学习更难的知识的条件。在这个过程中学生要遵守课堂纪律，认真听课做笔记，不迟到、不早退，注重记忆课本知识，通过老师的讲解加深自己的理解。

（二）探讨式教学

探讨式教学是指学生在老师的指导下先自己学习，认真思考知识，也可以跟同学互相交流，分享各自的学习心得，如果还有不懂的问题可以向老师请教。学生在老师的指导下，如果能做到自律自觉，勤于思考，会一点点进步的。教师应重视因材施教，有相同的问题可以集体探讨。跟老师探讨才有机会化解学习上的困惑，加深认识。探讨式学习也能锻炼学生的思考能力、表达能力。

二、实践课程的教学模式

打造多元且富有挑战性的实践项目和实习平台是强化实践教学的重要一环。要充分完善校企培育模式。通过校企合作的培育模式，学生在企业实践中，如金融学专业的学生可以到金融机构，如银行、证券公司和保险公司学习，一方面可以测试他们的专业技能学习情况，帮助他们及时发现自身的不足，进行查漏补缺，从而更加清晰下一步的学习目标，最终提高应用能力。另一方面学生可通过在企业的学习，在正式进入社会工作之前，对社会工作生活进行提前体验，以此来提升自身的适应能力。可以与金融科技等企业合作，开展实践性课程和项目，让学生在实践中学习和应用金融科技相关技术和工具。在金融学本科人才培养中，可探索与金融科技组织或金融企业建立联合培养机制，基于实践需求，专注于向学生提供金融科技领域前沿的实践教学资源（李建军，2020）。具体而言，强化实践教学的途径和方案可涵盖多个维度：

（一）实践项目设计

金融学课程的特点是理实并重，必须具备足够的理论知识和充足的实践内容，既要避免纯金融学理论的讲授型教学，又不能简单地推行纯实践的金融学操作技能训练，因此，理想的选择是推行理实一体化的项目教学。

一是设计符合金融科技发展需求的实践项目，如金融科技创新项目、数据分析项目、智能投资模型设计等。通过融入实践项目、深度案例探讨及强化团队协作的教学策略，让学生在实践中掌握相关技能，加深对金融科技的理解和应用，致力于培养具备跨领域合作意识和实践能力的专业人才（张壹帆等，2024）。二是积极与金融科技企业及研究机构携手开展多元化的实践项目，如科研和技术研发等。在这些项目中，学生将有机会亲身参与，与企业合作共同攻克实际难题，从而积累宝贵的实践经验与技术能力，并同步提升其实践与团队协作能力。三是积极策划并推动学生参与多样化的学科竞赛，这些竞赛既可以是校内举办的，也能跨越学校边界，甚至达到行业水平。通过参与金融科技、区块链、人工智能等领域的学科竞赛，学生可以将所学理论知识与实际应用相结合，锻炼自己的问题解决能力和团队协作能力。同时，竞赛的激烈氛围也能激发学生的竞争意识和创新精神，为他们未来的职业发展打下坚实的基础。

（二）提供实习实践机会

一是携手金融科技企业，共同构建实习实训平台，为学生提供前沿、实战性的实习体验。在构建全面的实践教学体系，涵盖实验、实训与实习等环节时，应用型本科高校应当积极寻求与金融科技企业联合建立实习基地，共同为学生创造实习机会。同时，也应与金融机构和行业伙伴携手，共同打造金融实验室，以提供更丰富、更贴近实际的实践教学环境。学生在实习期间将有机会深入了解金融科技企业的运营模式、日常工作流程及先进技术应用，进而提升其实际操作能力和职业素养。二是邀请金融科技领域的行业专家或从业者担任学生的导师，指导学生进行实践项目和研究工作。行业专家以其丰富的实践经验和独到的行业见解，为学生解析行业发展趋势和技术应用，从而帮助学生更好地理解和把握行业动态。

（三）移植"工学结合"理论

"工学结合"理论是指提倡学生能采取学习与工作相结合的一种劳逸结合的教育模式。在实际中表现为半工半读和勤工俭学两种形式。工作与学习相结合共同创造了一种更贴近真实教学环境的学习情境。因此，在制定人才培育方案的过程中，课程体系的设计、教学内容的安排、教学方法的选择、实践环境的建设，应遵循这一理论，使真正的一体化教学、项目化教学、以学生为中心的教学模式得到落实。结合社会需求的同时着重培育学生的学习能力，充分利用现代信息技术，转变教学模式，提高学生的学习兴趣和应用能力。

（四）引进先进的教学资源

在新科技革命的背景下，应用型本科高校需要引进先进的教学资源，包括在线教育平台、虚拟实验室、模拟交易系统等，为学生进一步学习和应用金融科技等新技术创造良好的环境。一是在线教育平台。引进国内外先进的在线教育平台资源，如Coursera、edX、Udemy、中国大学MOOC等，提供丰富多样的金融科技课程资源。学生可利用在线教育平台，实时接触并学习最新的金融科技知识，从而拓宽知识面。二是实验室建设。建设金融科技实验室或创新空间，提供先进的技术设备和软件工具，支持学生进行实践项目和研究工作。作为探索实践的摇篮，实验室为学生开辟了亲手实践的空间，从而激发他们的创新火花并挖掘潜在能力。三是虚拟实验室建设。虚拟实验室可以内含模拟交易系统和数据分析平台等仿真环境。在这个虚拟空间中，学生可以进行真实的模拟操作，学习并熟练掌握金融科学技术，进而提升他们的实践操作能力。四是国际交流合作。通过引进国外先进的金融科技教学资源和优质课程，能够为学生提供更加多元、前沿的学习内容，学生可以接触到国际先进的教学理念和教学资源，拓展学习渠道，从而培养出具备国际竞争力的金融科技人才。

（五）强化实践条件建设

随着金融科技的不断发展，"互联网+"在金融行业的运用以及普惠金融的推进，金融行业未来的发展将表现出以下几个趋势：第一，运营监管将更加规范化、国际化，市场化程度加深；第二，开放竞争，社会资本介入金融行业，混业经营将会放开；第三，互联网金融将会获得高速的发展，传统金融业务开始逐渐走上脱媒化和普惠化之路。为了顺应金融业的发展，在重视理论知识传播的基础上，为了增强学生的实践能力，高校也积极与金融企业共建实习基地，共建金融实验室，邀请具有实务经验的金融企业人员来校集中授课，作为学生的校外导师等。

比如积极构建和优化提升学生应用能力的实践教学体系。构建融实验、实训和实习于一体的实践教学体系，融专业教师和业界专家于一体的实践教学队伍，融教室、实验室、实习基地于一体的实践教学平台，融实验教程、实验指导书、实验大纲于一体的实验教材体系等。

同时，建设协同创新和协同培养平台，增加校外实训基地的数量，提高使用效果等。与银行和证券等金融机构、大型企业、政府及事业单位建立战略实训基地。在传统校企合作共建实习基地的基础上，积极开展与企业共同制定实践教学方案、共同开发实验课程、共同编写实训教材、共同开展实践教学研究、共建实验室等深层次的校企合作等。

第四节　加大教学内容创新和课程体系改革

在新科技革命的冲击下，金融实务人才必须以现代经济、金融、管理等财经学科知识为基础，在掌握系统的经济学知识及理论的背景下，突出金融学知识，并且拥有较强的相关金融实践应用能力，拥有高尚的职业道德操守，同时还应有互联网精神、跨领域的知识储备、对海量信息的处理掌控能力，以及跨文化的交流和沟通能力等。

为了提高教学质量，急需推行学科专业基础课的整合，以精品资源共享课程建设为核心，提高课程教学质量；以教学改革科研成果充实、更新教学内容，促进课程体系改革，提高教学水平。

同时，为了紧跟"互联网+"在金融行业的运用以及普惠金融推进的步伐，顺应金融业的发展，应积极拓展金融学专业和专业方向的设置，增加紧跟时代的与传统金融不一样的专业，有计划地开展核心课程建设，加大政策扶持，明确课程负责人制度，形成优秀的教学团队，争创更多的金融学类精品资源共享课程。

一、金融学专业课程体系重构的总体框架

（一）金融学专业课程体系开发的必要性

在经济全球化的时代，各金融机构为满足不同客户的个人需求定制个性服务，复合型金融专业人才培养是新时代的要求。高职本科院校在金融学专业课程设置上，现存两个明显的问题。一方面，金融课程的实用性不强，主要表现在课程内容以理论知识为主，专业理论基础与业务知识跟不上时代的发展，实践能力培养方面匮乏，导致学生的分析问题与解决问题能力薄弱。另一方面，金融微观课程的增设，使课程体系缺乏完整性和系统性，细分金融学专业课程内容，不可避免出现内容重复以及交叉现象，导致学生的基础知识和基本技能不够扎实，难以构建系统性的金融知识体系。因此，金融学专业课程体系的开发是培养复合型金融人才的关键。

（二）重构课程体系的原则：以社会经济需求为目标设置课程体系

协同创新培养金融学专业高职本科人才主要立足于各个地区的经济发展和金融行业的需求，明确基础专业课程和核心专业课程，结合区域经济发展状态合理调整培养目标，以便更好地服务地方经济建设，为学生提供校内实训、校企合作和项目化实践等多种平台培养模式，在教学方面完善理论课程、实践课程、创新型课程等金融学专业课程教学体系。

为顺应社会经济的需求，应加大力度开设与学生就业密切相关的金融学微观课程，促进学生在未来的就业市场中赢得就业机会。因此，我们应改变传统的应试教育，金融学专业课程体系从"以考试为导向"转变为"以社会经济需求为导向"，向现代素质教育发展。因此，以社会经济需求为目标设置课程体系是培养复合型金融人才的有效途径。

（三）重构课程体系的基本思路：强化课程体系与知识、能力和素质培养的有机衔接

第一，与知识培养衔接的课程体系。

依托包括通识教育课程平台、学科基础教育课程平台、专业教育课程平台、创新创业课程平台和实践教学课程平台在内的课程体系及教学计划，强化理论知识学习和专业技能培养。知识培养对应的基本是金融全课题体系，因此，课程体系健全与否影响着所培养学生的知识结构是否合理。

第二，与能力培养衔接的课程体系。

依托实践教学环节（开设相应的实验实践课程体系以及专业实习、毕业实习、学年论文等环节）和创新创业平台的相关课程体系及相关赛事（如证券模拟投资大赛、理财规划投资大赛、金融精英挑战大赛），强化专业技能的进一步培养和应用，突出应用型人才培养。

第三，与素质培养衔接的课程体系。

通过在校期间学校通识课程教育、第二课堂以及学院创新创业平台的部分赛事（如各种创业计划竞赛、科技学术竞赛、大学生创业综合模拟大赛、ERP企业沙盘经营模拟大赛）强化对学生综合素质的培养。

二、优化整合金融学专业课程体系的具体对策

（一）重视专业课程的适时动态调整

学科型理论知识更新较慢，而金融技术的发展日新月异。应用型本科金融学专业的任务是为社会培养高素质的技术技能型人才，因此其课程教育要紧跟新技术发展的要求，让学生在校期间就能学到金融领域的新知识、新技术、新应用。为此，应用型本科金融学专业需加强与金融机构的

合作，让学生在校所学的技能可以与金融机构的需求更好地接轨。

科学设计金融学专业的课程体系，注重学生实践能力的培养，以社会需求为目标导向，培养能分析问题、解决实际经济问题的复合型金融人才。总的方向是，首先，金融学专业课程体系可分为四个模块，分别是通识教育基础课程、学科基础课程、专业课程和综合实践，体现教学的针对性以及系统性。其次，使金融学专业课程教学定位符合社会对就业的需求，进而科学设计金融学专业课程内容，合理设计理论课程和实践课程，使学生灵活应用理论课程的专业知识解决实际经济问题。金融学专业课程体系涵盖了金融行业的各种理论和实践知识，使学生能够适应金融行业不同岗位对金融知识和专业技能的需求。除金融学专业课程以外，还应开设通识课程。通识课程是实现金融人才培养目标的关键部分，例如，开设与金融学相关的计算机课程，提高学生对金融数据的分析和计算机操作能力，顺应新时代的总体要求。此外，增设一些国际金融课程，开阔学生的国际视野，培养综合素质高的国际化金融人才。这种注重理论知识与实践相结合的课程体系结构，可以保证金融学专业人才培养目标的实现，从而向社会输出复合型金融人才。

（二）构建与能力体系相匹配的课程体系

新时代金融实务人才培养至少应该包括的主要课程为经济学、管理学、金融学及其交叉学科等课程，而为了突出金融实务人才的特色化培养，则必须依托包括通识教育课程平台、学科基础教育课程平台、专业教育课程平台、创新创业课程平台和实践教学课程平台在内的课程体系及教学计划，强化理论知识学习和专业技能培养。比如随着金融科技的不断发展，"互联网+"在金融行业的运用以及普惠金融的推进，为了顺应金融业的发展，在课程设置上也需要与时俱进，适时增加一些与传统金融不一样的课程，比如互联网金融、金融科技等课程，构建起与能力体系相匹配的课程体系。

1. 理论课程体系的适时变更

理论课程可以包括通识类课程、公共基础类课程、专业基础类课程和专业核心类课程。通识类课程是形成学生核心竞争力的基础，学习历史、技术、人文类的基础知识，比如近代史纲要、计算机基础与应用、大学英语、数学等；公共基础类课程也要定期开展，比如形势与政策、大学生心理健康教育等课程；在专业课程上，要掌握专业课程，比如宏观经济学、微观经济学、会计学、金融学、计量经济学、统计学等。这些理论知识的学习能丰富学生的知识面，让学生对金融学专业的认识更清晰。

在新科技革命背景下，应用型本科高校需要设计和建设符合金融行业需求的课程体系。一个完善的课程体系应当涵盖金融理论类的基础知识和商业分析方法课程，同时应包含编程课程，这些课程需覆盖多种编程语言，以及用于数据分析的统计与计算机类课程。此外，课程体系还应体现金融理论与编程及数据分析的交叉融合，通过开设交叉复合类课程，促进学生综合能力的提升（盛天翔等，2023）。一是有必要提供一门专业的入门导论课程。在金融学专业的学习初期，开设专业导论课程，系统介绍金融领域的基本概念、发展历程和主要内容。二是设置金融基础知识核心课程，涵盖金融学中的货币银行学、国际金融、公司金融等内容，金融市场学中的证券市场分析、衍生品市场等，金融科技学中的区块链技术、大数据在金融中的应用等。同时，经济学原理将深入解析微观与宏观经济现象，计量经济学则通过数据分析方法教授实证研究等，以及引入计算机网络课程，让学生了解互联网技术在金融领域的运用。这些教学内容将为学生打下坚实的金融领域知识基础，为后续的深入学习与实践提供有力支持。三是设置金融科技课程。这些课程专注于前沿的金融科技知识，涵盖大数据、监管科技、数据结构、密码学及金融工程等领域，旨在为学生提供全面的行业洞察和实践能力。四是设置实践课程及创新创业课程。如金融科技应用、区块链技术原理与实操、人工智能在金融中的创新应用以及创新创业课程等，涵盖创业知识、创业管理、商业模式等内容，使学生能够学习和掌握最新的金融科技知识，从而增强他们的实践能力、创新能力和创业能力。课程设置应与市场需求和创业趋势保持紧密联系，确保学生能够掌握最新的创业技能和知识。五是重点推出多元化、高质量的自主学习资源及课程，以满足学生个性化的学习需求。包括教材、参考书籍、学术期刊以及在线课程等，旨在让学生通过自主学习，进一步巩固和深化对金融基础知识的理解。

2. 实践课程体系的适时变更

实践教学包括社会调查与社会实践、专业实践。实践课程能给学生提供真实的体验机会，更能激发学生的想象力和创造力，让学生的思维更加活跃，培养学生解决实际问题的能力。应用型本科金融学专业的实践课程要涉及技能教学的内容，融入实验教学。通过实践学习，能让一个学生真正得到锻炼，提升自身的综合实践能力，发挥出自身的潜能。

在实践课程设置上要做到：一是在优化教育方案时可以特别引入一系列侧重实践操作的课程，诸如金融科技的实地应用探索、区块链技术的实战演练，以及人工智能在金融业中的创新应用等。这些课程不仅能使学生深入学习并应用最新的金融科技知识，还能通过模拟真实场景，让学生亲身体验并提升实践技巧和创新能力。二是建设跨学科的实验室或创新空间，提供多学科交叉的学习和研究环境。学生可以在实验室中开展跨学科的实验和创新项目，探索金融科技领域的新技术和新应用。

在新科技革命的背景下，应用型本科高校需要在金融基础知识教学中融入实际案例和行业动态，让学生了解金融理论知识与实际应用的关系。一是引入理实结合的金融案例。通过精心挑选和分析真实的金融市场案例，结合当前行业动态，为学生呈现一个真实、生动的金融世界。这样的教学方法不仅有助于加深学生对金融基础知识的理解和掌握，更能培养他们的分析能力和实践应用能力。二是在具体教学上，采用案例教学、项目导向教学等方法，组织学生进行小组讨论和案例分析，促进学生之间的交流与合作，加深对金融基础知识的理解和应用。三是通过共同探讨案例和问题，结合实际应用场景进行教学，学生可以从多个角度思考和分析金融问题，从而提高学生的实践能力和创新能力。四是邀请行业专家进行讲座。邀请金融科技领域的行业专家或知名学者来校进行讲座，分享最新的行业动态、技术趋势和应用案例。学生可以通过与专家面对面的交流学习到最前沿的金融科技知识。

3. 加强"交叉模块式课程"建设

为了满足学生的不同发展倾向，可采取"交叉模块式课程"设计，满足不同类型金融人才的知识需求。对于学生不同的知识需求，采取在所有学生必修的专业课程外开设必要的跨专业的交叉式选修课课程体系，让学生根据自己的需求选择相关知识进行学习，解决学生差异化培养问题。注重学生专业理论知识和技能素养的培养，紧跟"互联网+"背景下的金融创新步伐，突出金融专业信息化系统和金融产品设计综合知识的教学与实践，以适应社会需求。

一是创新性地推出跨学科课程体系，该体系融合金融、计算机科学、数据科学以及信息安全等多个领域的知识，为学生提供全面的学术视野。这些课程可以帮助学生了解金融科技的基本原理、技术应用和相关法律法规，培养学生的综合能力和跨学科思维。二是推出综合素养强化课程。设计并开设涵盖思想政治、文化艺术、社会实践等方面的综合素质强化课程，培养学生的人文素养和社会责任感。三是构建一个全面的创新创业教育体系，其中不仅涵盖系统的创新创业教育课程，还提供个性化的指导和丰富的实践机会。这些课程旨在培养学生的创新思维、创业意识和商业洞察力，通过案例分析、模拟创业、团队项目等方式，让学生深入了解创业的全过程，掌握创业所需的关键技能。同时，学校还积极搭建创业平台，提供创业资金、导师资源、行业网络等支持，帮助学生将创新想法转化为实际项目，培养他们的创业能力。

4. 毕业论文

毕业论文设计能让学生对学习积累的知识有所巩固和提升，而且对于金融行业的发展会有更深的了解，增长见识，不断充实自己，锻炼写作能力。论文的选题需要有研究的意义和价值。在内容上，学生可以运用适当的分析方法来完善论文，锻炼学生的发现问题、分析问题、解决问题的能力。在此期间还能得到导师的指导，不懂的地方可以请教导师，跟导师一起探讨交流。写毕业论文需要总结自己之前的学习情况，把之前学到的知识运用上，锻炼自己条理清晰做事的能力。

第五节　拓展跨学科知识学习以培养"金融+科技"复合型金融人才的综合素质

构建跨学科教育的培养范式对于满足紧缺人才需求、支撑国家战略部署具有重大意义，我国持续推动高等教育机构探索并创新跨学科人才培育的新路径（耿有权等，2024）。随着金融科技的蓬勃发展，金融人才不仅需要精通专业知识，更需要拥有跨学科的知识储备和全面的综合素质，包括出色的沟通技巧、高效的团队协作能力，以及持续创新的思维能力，以适应行业发展的多元化需求。因此应用型本科高校应该着重拓展金融学专业学生的跨学科知识，包括计算机科学、数据科学、信息安全等方面的基础知识，通过课程设置、实践项目等方式提升学生的综合素质，使其具备良好的专业素养、创新意识、团队合作能力和社会责任感，以满足金融行业对多方面技能的需求。

一、跨学科项目实践

一是推动学生投身跨学科的实践项目，如金融科技革新与数据驱动分析项目。这些项目不仅能使学生综合应用多学科知识，还锻炼了他们解决现实金融问题的能力，进而提升他们的综合素养和实践技能。二是为学生开辟社会实践的窗口。涵盖社区服务志愿活动和深入的社会研究体验等活动，这些活动旨在增强学生的社会责任感与公民意识，帮助他们更好地融入社会并贡献自己的力量。三是组织跨学科的课外活动，如讲座、工作坊、行业参观等。通过参加这些活动，学生可以了解不同学科领域的最新发展和应用情况，激发学习兴趣和创新意识。四是加强跨学科的学术指导，组建由多学科专家和业界精英构成的导师团队。这个团队不仅具有丰富的学术背景和行业经验，还能为学生提供跨学科的指导和支持。在导师的引导下，学生能够更好地整合不同学科的知识，开展深入的跨学科研究和项目实践，从而全面提升自己的学术水平和综合能力。

二、跨学科交流合作

一是加强与其他学科院系的联系，共同策划并举办跨学科的学术研讨会、项目竞赛等一系列活动。这些活动旨在搭建一个跨学科交流的平台，鼓励学生和学者们共同探讨学术问题，激发创新思维，推动不同学科之间的融合与发展。通过与其他学科领域的学生和教师合作，学生可以接触到不同学科的知识和思维方式，拓展自己的学术视野和思维广度。二是深化金融领域的人才培养，应用型本科高校与金融机构携手开展合作，共同打造"金融科技"复合型人才培养项目。通过设置一系列的专业课程、实习项目以及社会实践机会，为学生提供真实的金融场景，锻炼其实践能力，培养具备金融素养和科技应用能力的复合型人才（陆岷峰，2024），着重培养他们的团队协作精神和有效沟通能力，确保他们在团队中能够高效合作，共同达成目标。三是积极策划并推动一系列国际交流与合作项目。这些项目不仅为学生提供了跨越国界的学习与交流机会，还使他们能够在与不同文化背景的人交流中，深入了解不同文化之间的差异与融合。通过这样的经历，学生不仅能够锻炼自己的跨文化沟通能力，还能拓宽自己的国际视野，增强在全球舞台上的竞争力，为未来的职业发展奠定坚实的基础。

第六节　加强数据智能型金融学师资队伍建设

应用型本科高校应该加强师资队伍建设，引进具有金融科技背景和实践经验的教师，提高教师的教学水平和科研能力，以保证教学内容与行业需求的匹配度。在新科技浪潮的席卷下，应用型本科高校为应对变革，在金融人才培养领域，加强师资队伍的建设与培育显得尤为必要且迫切。这一举措对于提升金融学专业学生的综合素质和竞争力具有至关重要的作用。

一、构建理论与实践又红又专的"双师型"师资队伍

为了培养复合型金融人才，必须建设一支符合金融学专业教育特点的"双师型"师资队伍。在大数据和网络的新时代，有效共享和利用资源是"双师型"师资队伍建设的关键因素，高职本科院校应实施"走出去"和"引进来"相结合的教师培训方案。一方面，定期让符合条件的一线教师到国内外访学交流和组织教师到金融单位挂职或定期调研，紧跟国内外金融行业的前沿性、拓展教师的专业视野以及加强一线教师的专业实操能力，巩固教师的教育水平和教学质量。另一方面，定期邀请金融领域中的行业专家与社会精英为学生开展讲座，为学生讲解金融行业中最前沿的知识，引领学生走向金融知识的前沿，拓宽学生的金融视野。把"走出去"和"引进来"相结合的教学理念落到实处，让具有"厚基础"、实践经验丰富的教师队伍提高高职本科一体化金融学专业人才的实践操作能力，提高学生的综合能力以及培养学生的创新能力。加强教师的专业学习，提高科学素养和专业实操能力，推广教师的实践经验并提高课堂教学效率，使教师掌握更多具有实用性的金融领域职业岗位专业知识和专业技能。

二、引进具有实践经验的专业教师

一是优先招募具有金融界实战经验的专业精英加入全职教师团队。这些业界翘楚将把他们的实践经验与学术知识相糅合，为学生传授更贴合行业前沿的教学内容，助力学生更好地掌握实际业务技能。二是以行业专家和导师的身份引进兼职教师。第一，邀请金融行业专家或从业者来校授课，分享他们的实践经验和行业见解。通过专家授课，学生可以更加直观地了解金融行业的发展现状和趋势，增强对金融基础知识的学习兴趣和深度理解。第二，行业导师指导。诚邀金融科技领域的资深专家或从业者担任学生导师，负责指导学生进行实践项目和研究工作。这些行业导师将分享他们的丰富经验和独到见解，帮助学生深入理解行业发展趋势和前沿技术应用，从而提升学生的实践能力和专业素养。

三、对既有青年教师实施有组织的培训和进修计划

一是为当前在职教师定期提供技术更新的进修机会，确保他们掌握最新的教学方法和技术。为保持教师队伍的专业性和前瞻性，学校为现有教师提供定期更新新技术的进修机会。这包括参与行业研讨会、专业会议、学术研究等活动，以及参与企业实习项目或行业交流，及时了解行业最新动态和技术发展。二是学校积极鼓励教师参与科研项目，以此增强他们的科研能力。鼓励教师积极申请和参与科研项目，尤其是与金融科技相关的科研项目。通过参与科研项目，教师可以深入了解金融科技领域的前沿技术和最新研究成果，提升教学水平和科研能力。三是致力于建立与行业的深度合作关系，以便教师能够更好地了解行业前沿动态，并将其融入教学中。建立与金融科技企业和研究机构的合作关系，邀请行业专家来校进行讲座或做短期培训，为教师提供与行业专家交流学习的机会。四是提供适当的激励措施和平台激发教师的创新教学热情。积极倡导教师运用创新教学方法，如情境模拟教学、项目驱动式教学、互动式实验教学等，以激发

学生的学习热情和创新思维。五是构建教师交流协作的专属平台，以搭建沟通的桥梁，促进教师之间的相互学习和深度合作。搭建教师交流协作的桥梁，促进教师间的相互学习与合作。通过举办教学研讨沙龙、观摩优质课堂、建设教学合作团队等活动，进一步提升教师的教学质量与团队协作能力。六是为教师的个人成长和职业发展提供全方位的支持和帮助。为教师提供多元的成长机会和全面的支持体系，如教学科研经费支持、教学成果奖励、职称评审等制度，激发教师的工作热情和创新动力，鼓励他们在教学、科研及职业发展上不断突破与进步。

四、强化提升教师队伍的信息化教学能力

由于现代化信息技术及金融新技术的发展，现有教学手段及措施无法满足现代教学的要求，在调研过程中，有些毕业生问卷中直接提出学校的一些知识过于老旧，无法满足岗位的需求，知识面十分欠缺。因此需要对学校专业教师队伍加强培养，让教师深入企业第一线进行实践学习，同时加强新技术能力的提高培训，重点加强"双师型"教师素质的落地培养以及现代信息化教学水平。另外，还要鼓励专业教师自身的提升发展，给予相应的政策，增强教师的积极性。同时解决聘请企业高层次技术人员进行兼职教学的问题，将第一线知识及技术要求带进课堂。

五、鼓励优秀专业教师担任大学班主任

鼓励优秀专业教师担任大学班主任，对于提升教学质量、促进学生全面发展、增强师生交流具有重要意义。通过明确职责、建立激励机制、减轻负担、专业培训、强化家校合作、完善评价体系和营造良好氛围等方面的努力，可以有效鼓励优秀专业教师积极担任大学班主任，为学生的全面发展和学校的整体教育质量提升贡献力量。

（1）明确角色定位与职责：需要清晰界定班主任的职责范围，包括学生的思想引导、学业指导、生活关心、心理健康辅导、班级文化建设等，

让专业教师了解班主任工作的全面性和重要性，从而增强他们的使命感。（2）建立激励机制：物质奖励：设立专项基金，对表现突出的班主任给予奖金、津贴或补贴，体现其劳动价值。精神激励：通过表彰大会、荣誉证书、优先评奖评优等方式表彰优秀班主任，提升其社会声誉和职业荣誉感。（3）职业发展支持：将班主任工作经历作为教师职称评审、职务晋升的重要参考因素，鼓励教师将班主任工作视为个人职业发展的重要组成部分。（4）减轻教学负担：合理调整班主任教师的教学工作量，确保他们有足够的时间和精力投入到班级管理和学生指导中。可以考虑为班主任安排较少的教学课时或提供助教支持。（5）提供专业培训：定期组织班主任培训，涵盖学生心理学、班级管理技巧、教育法律法规、危机干预等方面的内容，提升班主任的专业素养和管理能力。同时，建立班主任交流平台，分享经验，共同解决问题。（6）强化家校合作：鼓励班主任积极与家长沟通，建立家校联系机制，共同关注学生成长。（7）完善评价体系：建立科学合理的班主任评价体系，注重过程评价与结果评价相结合，既考察班主任的工作态度和投入程度，也关注其工作成效和学生满意度。评价结果应作为激励和改进的重要依据。（8）营造良好的氛围：通过校园文化、宣传报道等方式，营造尊重班主任、重视班主任工作的良好氛围，让专业教师感受到担任班主任的崇高与荣耀。

第七节 优化金融人才培养质量评价体系

一、明确并重视评价目的

建立教学质量评价体系的目的在于提高教学质量，即评价只是手段，重点是质量。应用型本科院校要明确评价的目的，不能只求其有，不求其质，不问其用，反之更要注重评价结果所揭露的影响金融学专业教学质量的因素，深入研究探讨问题，让教师意识到教学质量评价的重要性，明白自己在金融知识教学中存在的优缺点，合理科学地落实改进金融教学方案，让教师所教的金融知识有用，学生所学的金融技能能用，使金融学专业教学质量评价体系围绕"学生为主体，教师为指导"的方向有序运行起来。

二、多维度制定评价体系

可采用层次分析法来制定评价指标和确定指标权重。层次分析法的基本原理是对研究对象进行层层剖析，先把对象当成一个大系统，对影响系统的各层因素进行分析，再对影响每一层次的因素进行判断，使许多模糊概念变得更具体、科学和合理。可以设置三个维度，分别为影响金融学教学质量的评价主体、教学环节和教学要素。常见的对应用型本科院校金融学课程进行评价的主体有学生、教师、同行、督导、教学管理人员、企业人员和协同育人的本科院校等。常见的金融学教学环节有教学准备、教学过程和教学效果等。常见的影响金融学专业学生学习的教学要素有学习资源、教学设施与设备、教师的职业素养和学生的学习态度等。三维空间中的坐标点可细分设置为多个影响指标来对教学质量进行评价，但是前提要保证各指标之间互不相容，避免冗杂、影响评价结果的科学性，同时保证各指标是可测量且易于评价者和被评价者观测与接受的。各项评价指标权重的设计，利用层次分析法确定的权重系数，对各项指标进行评分，在运用定性与定量相结合的评价方法得到评分结果后进行分析，进而做出有针对性的金融教学设计和金融教学方式的改进方案，从而提高金融学专业的教学质量。

各大高校可以制定教学方案，确定教学目标。可以基于学生的知识掌握程度、各科成绩、能力素质（比如社交能力、组织策划能力、协调能力）、文化素养等来培养学生，建立有质量保障的教学系统。以学生的实际工作能力为主要评价标准，注重综合素质和综合能力的评估，使过程评估部分的比例增加，因为应用型本科金融学专业培育的主要目的是提高学生专业知识的学习能力,提高他们的实际工作能力。因此,专业理论知识和应用能力的双重评价模式应纳入教学质量评价指标构建的考量范围内,使评价标准更加系统化:一方面,可以通过考试的形式对学生的金融学专业理论知识进行测评,了解学生对金融学专业理论知识的掌握情况;另一方面,通过校企合作培育的形式,让学生运用所学知识进行实践,从而考量学生的专业知识应用能力。

三、强化核心课程考核改革

为了体现金融科技时代的要求,金融学专业核心课程的考核方式不得不做出改革。金融学专业核心课程考核内容的结构须科学设计,充分体现金融学专业的基础性、实用性和全面性。金融学专业实践课程的考核目的是培养学生的分析问题、解决实际问题、创新等能力,实践课程环节的考核须将学生所学的金融专业知识融入实际经济工作中,使学生在实践工作中砥砺意志品质,从而提升专业能力。一般来说,金融学专业核心课程主要有两种考核模式,分别是理论知识和实践操作的考核。金融学专业核心课程考核的改革主要体现在:(1)时间上,每门课程考核必须贯穿整个课程的教学内容,包括阶段性测试与任务以及期末综合考核,进而全面评价学生的学习质量和能力水平;(2)空间上,针对不同课程的内容来考核,校企合作有利于考核学生实践性强的业务知识,实践性的考核更具有针对性和有效性;(3)内容上,考核的内容要有新意,在案例分析的基础上紧跟金融前沿模拟金融实验室,在实操中培养学生的信息收集整理能力、分析问题的能力、解决实际问题的能力以及创新能力等。

四、增强评价标准的针对性

应用型本科金融学专业的课程多种多样,有证券投资实务、会计基础、金融学基础、银行柜台业务实操和保险实务等。不同科目有其独特的教学模式,比如证券投资的教师需要通过运用金融市场交易平台来教学生分析股票、证券和商品期货的价格走势等情况，保险实务的教师要教会学生学习现有保险种类、如何为客户规划保险产品等教学内容。因此，对金融学专业教学质量的评价不能一成不变，不能只沿用一套评价标准，要以多元化思维来制定具有针对性、特色化的评价标准，展示金融学课程教学的特性，把学习理论知识与实践操作技能结合起来，客观公正地评价每一个金融科目。特别是应用型本科金融学专业的银行三项技能教学质量的标准要与金融就业市场各大银行的需求深度对接，让金融学专业学生所具备的三项技能满足银行对应届毕业生柜员岗位的要求，使金融学生能更好地融入银行的工作环境中。

五、多元化主体参与评价

应用型本科金融学专业教学质量评价体系的评价内容纷繁复杂，关系到多个利益主体，不同评价主体的教学能力与经验参差不齐，为确保教学质量评价体系的平稳运行，必须构建多元化评价主体的金融学专业教学质量评价体系。（1）学生评价。金融学专业学生的评价能够促使教师根据学生想要从金融学专业中获得的知识来调整自己所教的金融学课程内容，用学生喜闻乐见的方法教学，进而让学生适应并享受教师的教学，提高金融学的教学质量。（2）教师自评。教师自评能让教师在自我反思中更好地认识自己，展示自身金融专业知识的教学优势与特色，更有计划地开展接下来的金融教学工作。（3）同行教师相互评价。本科院校金融学专业教师作为评价主体具体参与金融学专业教学质量评价的方式主要是教师互相听课，从对方教师的教学内容、结构和计划中探究教学的科学性和周密性，发现教学中的不足，对完善金融学专业的教学质量评价体系来说至关重要。（4）企业人员评价。企业人员评价能让学校更好地了解市场对大学生的技能知识要求，更好地检验实习生或毕业生在校学习的能力，更好地帮助教师提高课堂教学质量，以及更好地完善金融学专业教学质量评价体系。（5）督导教师评价。督导教师一般都具有丰富的金融学教学经验，以及较强的金融学专业能力，能深入剖析教师的金融学专业教学问题，为教师教学提出具有针对性的改进建议，帮助教师提高金融学专业的教学质量与教学水平。（6）教学管理人员评价。参与金融学专业教学评价的管理人员主要是金融学专业教学活动的领导者和服务者，包括金融系教研主任和财经学院的院领导等。他们作为金融学专业教学改革的主抓手，参与教师教学的全过程，必须及时督促、跟进与落实教师教学工作。

六、定量与定性评价相结合

金融学专业教学是一个教师教学和学生学习相互结合的复杂活动，有些特征是可以量化的，但也有很多特征是无法用数字化来衡量的，只能用主观的定性标准加以衡量。不能一味地让评价主体对金融学专业教师的教学质量进行打分，即仅用分数对结果进行简单的量化，而忽略了金融学教学中的具体问题所在，以及应有的建议措施；也不能因简单地对金融教学问题进行定性描述而使评价者的主观感受影响评价结果。因此，在金融学专业教学质量的评价中要充分考虑简单量化的不足和人与人之间的差异，要把定性和定量评价结合起来，既要有灵活性的调查问卷来进行询问与评价，又要有规范、详细的定量标准对数据加以整合与探究，最终进行总结并提出相应的教学改进方案，从而提高评价结果的可信度，提高金融学教学评价的质量。

七、本节小结

应用型本科金融学专业的目标是培养出符合市场需求的复合型金融人才，其重要环节就是要构建衡量教学质量的科学评价方法和体系。笔者认为应改变单一的评价模式，引入多元化主体评价，健全教学质量督导和反馈机制来构建金融学专业教学质量的评价体系，增加对应用型本科金融学专业学生的学情适应性关注和相关院校学习资源的关注等评价指标，以求更好地推动评价体系迈向成熟与进步，提高教学质量，以培养出适合国家金融行业发展的复合型金融人才。

第八节　强化金融学专业的教学质量保障体系

一、确立质量保障目标

可参照本科《金融类专业教学质量国家标准》，对开设应用型本科金融学专业的高校，设置合适的专业生师比。教师队伍要有良好的学历结构、学缘结构和职称结构。

在教学条件方面，为学生和教师提供充足的信息资源，有良好的教学设施与实习基地。开设应用型本科金融学专业时，学校图书馆应有数量充足且大致覆盖金融学类专业领域的图书、刊物和资料，以及能畅通检索和获取的相应的数字化资源。应用型本科金融学专业的学生实习需要有稳定的实习基地。

开设应用型本科金融学专业的高校应当建立质量保证目标系统，该系统应覆盖培养目标、培养规格、课程体系、教学规范、专业教师队伍、教学条件、教学效果等指标。

二、严格质量保障规范与监控

开设应用型本科金融学专业的高校应当围绕各质量保障目标要求，制定质量保障实施规范，建立信息反馈机制和调控改进机制，开展经常化和制度化的质量评估，确保对教学质量实施全过程有效监控，保证教学质量的持续提高和专业人才培养目标的充分实现。

三、建立有效的教学质量反馈机制

为了达到教学质量评价"以评促改，以评促教"的目的，必须对金融学教学过程进行全面监控，在发现问题后及时进行反馈，对教学进行改进并给予有效的鼓励。（1）要抓好常规金融学教学检查。检查对象包括金融学专业的学生与教师，加强对金融学专业学生的期初摸底、期中复习、期末总结的学习情况检查，加强对金融学专业教师课前教案与备课、课中授课情况和课后总结与改进方案的检查。在常规检查中抓住重点问题，落实教学改进措施，实实在在地提高金融学专业的教学质量。（2）落实好第三方监督功能。充分发挥"校企合作"中企业的作用，在金融企业，实践是检验金融学专业学生能力的好标准，当企业说好时，学生肯定是好的。这种评定比较客观，所获得的宝贵评价反馈信息也是高校进行金融学教学改革的重要依据。（3）建立适当的激励机制。一方面可通过负面激励，对金融学课程教学工作表现较差的老师进行惩罚；另一方面可通过正面激励，根据评价结果对表现好的教师给予提高津贴待遇、安排进修培养和提高职称评定等奖励。有激励就有动力，能让金融学专业教师以更加饱满的热情投入金融学教学工作中，更好地提高金融学专业的教学质量。

四、动态调整质量监控体制机制

各大高校可以建立教学评估机制，完善监督体系。学生、家长可以定期开展质量评估，这样能对教学的质量进行有效的监控，确保教学质量。老师定期对学生的学习状况进行总结，完善对学生的评价体系。及时向家长反馈，一起协助孩子进步。对于学生的不同学习情况给出科学的建议。

第九节 本章小结

基于前面的相关内容分析，本章对金融科技时代应用型本科高校金融人才的培养相关对策建议的内容做了探讨，内容主要包括：宏观规划金融科技时代金融人才的培养战略、重构应用型金融人才培养模式、强化以提升学生数字化技能水平行业匹配度的教学模式、加大教学内容创新和课程体系改革、拓展跨学科知识学习以培养"金融+科技"复合型人才综合素质、加强数据智能型金融学师资队伍建设、优化金融人才培养质量评价体系以及强化金融学专业的教学质量保障体系。

在金融科技时代，高校应紧密关注金融科技行业的发展趋势，及时调整和明确金融人才的培养目标，确保培养的人才能够符合市场的实际需求。在培养过程中，应注重金融人才的多元化发展，不仅要有扎实的金融基础知识，还要具备跨界能力、数字化技能、创新精神和国际化视野。在课程设置上，应增加金融科技相关的课程，如数据分析、人工智能、区块链等，使课程内容与金融科技的发展紧密结合。采用多样化的教学方法，如案例教学、模拟交易、金融实验室等，提高学生的学习兴趣和实践能力。鼓励金融学专业学生进行跨学科学习，如计算机科学、统计学、经济学等，以培养更全面的知识结构和解决问题的能力。建立校企合作的实训基地，为学生提供贴近行业实际的实践机会，增强学生的实践能力和职业竞争力。积极为学生提供实习和就业机会，帮助他们更好地了解行业动态和工作要求，提高就业竞争力。组织创新思维培训，学习创新思维的方法和技巧，提高学生的创新意识和能力。建立创新文化，鼓励学生提出创新想法和建议，营造创新氛围。在金融人才培养的过程中，应重视伦理教育，明确学生的行为准则和职业操守，规范金融业务的合规操作。政府应加大对金融专业的教育投入，改进金融人才培育机制，促进高校、智库组织与金融机构之间的教育合作。

总之，金融科技时代应用型本科高校金融人才的培养需要高校、金融机构、智库及政府等多方面的共同努力和配合。通过明确培养目标、优化课程体系、加强实践教学、培养创新思维与国际化视野以及强化伦理与合规教育等措施，可以培养出适应金融科技时代需求的高素质金融人才。

结　语

应用型本科高校金融人才的培养必须适应时代发展，满足实践需要。在新科技革命的背景下，高校应根据市场需求及时修订人才培养方案以及做好相应的人才培养配套措施。第一，优化课程体系结构。做好市场对人才需求的调研，人才培养方案里适当增添金融科技、数据智能等课程元素，优化课程体系结构。第二，重视和强化实践教学体系的构建和完善。充分利用产学合作机制，强化高校与金融机构的联系，把"实验、实训和实习"融为一体，充分利用"教室、实验室、实习基地"等实践教学平台，突出金融学专业信息化系统、区块链技术、人工智能等综合知识的教学与实践。第三，优化教师队伍结构。重点打造"双师型"教师队伍，在本科生人才培养中尝试实行行业导师制，构建融专业教师和业界专家于一体的师资团队。第四，积极开展以创新创业为引领的第二课堂。通过开展第二课堂，比如科技学术与创新创业类活动，组织学生参与各种创业计划竞赛、科技学术竞赛，拓宽学生视野，提升创新创业意识。

金融科技发展对金融行业的影响是深远而广泛的，它不仅改变了金融机构的业务模式和运营方式，还重新定义了金融人才的需求和培养方向。市场对金融人才的需求从原来的注重学历转变为注重能力，看重的是具备多重能力的复合型人才。应用型本科高校在金融人才的培养上务必优化应用型金融人才培养模式，强化"金融+科技"的金融人才的培养，才有可能适应金融行业发展的需求和趋势，这是时代的呼唤，也是高校的使命，可谓任重道远，但行则必达。

参考文献

白滨，吴秋晨，谢丽蓉，2019. 在线成人学习者需要班主任吗？——一项在线学历高等教育专业人员视角下的扎根理论研究［J］. 职教论坛（7）：110-119.

鲍静海，薛萌萌，刘莉薇，2014. 知识产权质押融资模式研究：国际比较与启示［J］. 南方金融（11）：54-58.

陈彩凤，2019. 英国应用型大学课程教学质量评价标准的启示探究［J］. 南宁职业技术学院学报（3）：44-46.

陈德余，2018. 互联网金融专业应用型人才培养现状与建设方法［J］. 无线电互联科技（15）：119-121.

陈诗一，陈登科，2018. 雾霾污染、政府治理与经济高质量发展［J］. 经济研究（2）：20-34.

陈泽鹏，黄子译，谢洁华，等，2018. 商业银行发展金融科技现状与策略研究［J］. 金融与经济（11）：22-28.

崔健，柳春涛，杨俊，2019. 协同育人理念下高职实践教学质量评价体系的问题与对策［J］. 职业（32）：28-29.

德勤（Deloitte）研究报告：金融AI赋能传统金融机构的应用与展望（2023）［O/L］，https://www2.deloitte.com/cn/zh/pages/financial-services/articles/AI-in-traditional-financial-insititution.html

邓旭霞，2019. 应用型高校金融学课程教学改革研究［J］. 高教学刊（9）：129-131.

冯文芳，2015. 高校金融学专业课程体系的建构研究［J］. 中国市场（37）：208-209.

逢淑梅，张广亮，2019. 金融学专业实践教学质量评价体系探究［J］. 西部素质教育（20）：198.

葛和平，陆岷峰，2021. 高等院校构建以金融科技为核心的金融学科建设路径研究［J］. 金融理论与实践（6）：46-54.

耿有权，张译丹，2024. 如何在本科阶段培养跨学科人才？——以哈佛大学生物医学工程学科为例［J］. 高教探索（1）：61-77+105.

郭福春，谢峰，陶永诚，等，2015. 高职财经类专业教学标准开发和应用［J］. 中国职业技术教育（11）：37-41.

韩树明，王继平，周晓刚，2016. 基于德国"Two in One"模式的高职——本科衔接人才培养创新实践［J］. 职业技术教育，37（8）：78-80.

何涛，刘成，2024. 数字金融背景下加快数字化金融人才队伍建设的思考［J］. 武汉金融（4）：85-88.

何子梅，2019. 高职金融管理类课程一体化教学思考［J］. 教育教学论坛（7）：248-249.

贺凤兰，1992. 大学班主任角色的社会学分析［J］. 江苏高教（5）：37-39.

侯水平，2014. 日本知识产权助推产业发展机制研究［J］. 现代日本经济（4）：36-44.

华荷锋，鲍艳利，2016. 产业导向的高新区知识产权融资服务体系构建研究［J］. 技术经济与管理研究（5）：36-39.

黄丽，刘红梅，牛静敏，2018. 金融科技发展背景下地方高校金融科技教学改革探索——以《金融科技专题》为突破口，教育现代化［J］.（5）：87-88+90.

黄勇，2015. 知识产权资产证券化法律风险防范机制之研究［J］. 政法论坛（6）：138-145.

机构报告：我国金融机构普遍存在金融科技专业人才缺口［N］．每日经济新闻，2021-12-28．

柯戈，2016．基于互联网金融背景下的高职院金融专业课程改革研究［J］．时代金融（21）：22-23．

柯慧明，2019．探索构建高职本科协同培养一体化教学体系——以广东技术师范大学服装与服饰设计专业2+2协同培养模式为例［J］．中国职业技术教育（5）：51-55．

赖亮鑫，2017．高职本科一体化动漫专业课程体系构建研究［J］．美与时代（5）：107-110．

李昌碧，林菡，2023．数字经济时代多学科交叉融合与金融复合型人才培养研究［J］．商业经济（3）：193-196．

李建军，2020．金融科技学科的形成与专业人才培养［J］．中国大学教学（1）：17-23．

李乾，2016．高职院校教师教学质量评价体系构建探究［J］．教育教学论坛（23）：230-231．

李文禹，沈斯文，孟艳辉，2024．跨界融合型互联网金融专业人才培养模式的实施路径分析［J］．老字号品牌营销（4）下：211-214．

李孝德，李恒昌．新文科建设的中国式方案和探索性实践［A/OL］．东方网，［2021-8-20］．https：//www．gmw．cn/xueshu/2021-08/20/content_35096372．

李勇胜，何志文，2016．高职金融学课程实践教学改革的有关策略［J］．四川劳动保障（11）：52-53．

李月晴，2020．班主任在大学教育管理中的作用和方法探索［J］．文学教育（10）：160-161．

梁龙跃，熊晓炼，支援，2023．金融科技发展视角下金融学教育改革与创新研究［J］．大学教育（12）：145-148．

梁艳，蒲祖河，2023．共生理论视域下应用型金融科技人才培养路径探究［J］.教育理论与实践，43（33）：12-15.

梁玉，2019.地方本科高校金融类专业实践能力标准体系探索［J］.教师（10）：116-118.

刘亮，贺静茹，2018.关于建立知识产权金融人才培养及评价体系的研究［J］.中国发明与专利（6）：25-33.

刘茂平，2020.新科技革命冲击下应用型本科高校金融专业学生能力体系及实现机制研究［J］.教育教学论坛（4）：141-143.

刘勇，曹婷婷，2020.金融科技行业发展趋势及人才培养［J］.中国大学教学（1）：31-36+59.

陆岷峰，2024.金融强国与金融新质生产力：构建以数智化驱动的金融高质量发展新生态［J］.中国流通经济（5）：18-27.

潘斌，张晶，刘峻峰，2018."互联网+"时代下金融专业大学生就业能力提升研究［J］.才智（15）：90+92.

丘东晓、刘楚佳，2011.职业核心能力的内涵分析及培养［J］.教育导刊（11）：70-72.

任辉，2018.构建金融保险本科专业个人理财能力培养体系的思考［J］.金融理论与教学（12）：85-88.

孙传旺，罗源，姚昕，2019.交通基础设施与城市空气污染——来自中国的经验证据［J］.经济研究（8）：136-151.

盛天翔，王翌秋，2023.金融科技专业人才培养动态、模式比较与建议［J］.中国大学教学（4）：18-24.

石磊，李奇贤，2016.应用型本科院校金融学专业实践课程体系建设及指标评估［J］.贵州师范学院学报，32（1）：75-80.

孙波，朱文博浩，冯紫薇，等，2016.广东科技型企业知识产权金融证券化和科技服务机构的互动机制研究［J］.经济研究导刊（30）：75-79.

孙翠香，2018.高职本科技术技能型人才培育：现实观照与未来审视［J］.职教论坛（4）：24-29.

檀祝平，杨劲松，2014.高职与应用型本科衔接试点问题的再思考［J］.职教论坛（4）：33-36.

唐靖廷，刘艳隆，于晓晖，2017.应用技术本科院校金融学专业课程教学改革探索［J］.产业与科技论坛，16（16）：155-157.

田金凤，尚秀丽，尚远宏，2020.班主任在小学、中学、大学不同阶段培养学生的作用［J］.黑龙江科学（12）：48-49.

汪来喜，孙传旺，2019.基于金融本质、跨界转型视角的金融业赋能思考［J］.金融理论与实践（1）：55-59.

王娟，尹敬东，2019.以智能化为核心的新科技革命与就业——国际学术研究述评［J］.西部论坛（1）：34-44.

王立军，范国强，2016.知识产权金融服务体系构建研究［J］.现代商业（6）：110-112.

王明伦，2013.发展高职本科须解决好三个关键问题［J］.职业技术育（34）：12-15.

王伟，2021.就业市场对金融科技人才的需求——基于2448条招聘广告的文本分析［J］.财会月刊（18）：110-115.

王馨，王营，2021.以金融科技为核心的金融专业人才培养探讨［J］.金融理论与实践（12）：73-78.

王永生，张渝，2020.应用型本科金融人才职业能力培养探讨——以应用型本科金融专业为例［J］.重庆科技学院学报（1）：119-122.

王宇鹏，2019.新时期高校金融学专业本科应用型人才培养实践教学策略探析［J］.纳税，13（25）：189+192.

魏春华，2019.基于微课的翻转课堂教学模式设计与实践：以《互联网金融》课程为例［J］.高教学刊（8）：105-107.

魏丽青，2018.基于发展性评价视角的高校课堂教学质量评价体系的构建［J］.太原城市职业技术学院学报（2）：130-132.

吴金旺，郭福春，2016.基于构建现代职教体系的四年制高职本科教育模式研究——以浙江金融职业学院为例［J］.教育学术月刊（8）：15-22.

吴泊良，2018.高职和本科院校联合培育应用型本科专业教学标准的制订——困境与出路［J］.佳木斯职业学院学报（10）：206-207.

肖海，朱静，2009.借鉴欧洲经验开展中国知识产权证券化的对策［J］.知识产权年（9）：86-93.

谢琼，余永婷，李芳，等，2017.高职本科"4+0"培养模式课程体系构建方法探析［J］.农产品加工（21）：83-85.

徐秋艳，贾小萱，2024.数字金融背景下金融学专业的课程教学改革探究［J］.市场瞭望（4）：27-29.

徐一峰，2015.高新技术企业知识产权质押融资价值评估问题研究［D］.合肥：合肥工业大学硕士学位论文.

袁广林，2021.新科技革命与交叉学科专业设置——兼论新一轮学科专业目录调整的方向［J］.研究生教育研究（5）：1-8.

袁兢业，付钦伟，韦铁，2015.广西知识产权商用化服务问题及对策研究［J］.中国市场（12）：64-67.

袁宜英，李青，2019.学生视角下高本衔接专业教学质量跟踪研究与实践［J］.科教文汇（10）：122-124.

曾晨，孙丽娟，2020.新时期大学班主任角色的比较探析［J］.教育教学论坛（8）：21-22.

张冬冬，2015.高职院校金融学专业人才培养模式研究［J］.职业教育（12）：16-18.

张根友，2017.应用型院校中职、高职、本科一体化人才培养模式探索［J］.西部素质教育（23）：11-12.

张璐，贾婷婷，2018.应用型本科高校经济与金融专业模块化课程改革的实践研究［J］.赤峰学院学报（自然科学版）（1）：129-130.

张乃强，韩劲松，韩颖梅，2016.财经类院校知识产权专业金融特色人才培养问题研究［J］.经济研究导刊（8）：102-103.

张艳英，2019."政校行企"模式下复合型金融服务人才的协同培养研究——基于厦门城市职业学院金融管理专业的建设实践[J].金融理论与教学（3）：95-100.

张壹帆，孙嘉雯，陆岷峰，2024.铸造新质生产力：科技金融与科技创新深度融合的路径与模式研究[J].农村金融研究（5）：70-80.

张玉，2024.金融科技时代应用型人才培养教改思考[J].投资与合作（1）：208-210.

张云，杨凌霄，李秀珍，2020.Fintech时代金融人才培养实验实训体系重构[J].中国大学教学（1）：24-30.

张蕴，蒋思庆，2016.德国职业教育质量保障体系的启示[J].贵州工程应用技术学院学报，34（2）：80-84.

周方召，王雷，2014.金融学专业校企协同创新人才培养如何"精耕细作"[J].金融教育研究，27（2）：62-65.

朱广娇，2021.培养数字金融人才助力行业高质量发展[J].金融博览（10）：36-41.

ANGRIST J D, KRUEGER A, 1991. Does compulsory schooling attendance affect schooling and earning? [J]. Quarterly Journal of Economics, 106（4）: 979-1014.

CHANDRA N, 2005. Valuation of intellectual property rights [J]. Corporate Law Cases（3）: 465.

CROSBY N, FRENCH N, OUGHTON M, 2000. Bank lengding valuations on commercial property——does European mortgage lending value add anyting to the proess? [J]. Property Investmeng and Finance, 18（1）: 66-83.

DARYL M, DAVID C, DREWS, 2005. Intellectual property valuation [J]. The Secured Lender, （5）: 24-26.

David T, 2002. Valuing intellectual property assets [J]. Computer and Internet Lawyer, （2）: 1-8.

DORIT S, 2007. Intellectual property valuation: A finance perspective [J]. Albany Law Review, (4): 1207-1225.

MICHAEL D, SANDRA L, BOSCIAR, 1999. Valuation of Intellectual propery or the enigma of exclusivit [J]. Licensing, (1): 7-9.

CHIU Y J, CHEN Y W, 2007. Using ahp in patent valuation [J]. Mathematical and Computer Modelling, 46 (7): 1025-1062.

附　　录

第一部分：行业企业、政府、事业单位及研究机构的调研内容

（一）用人单位基本情况（选择用"√"）

1.单位名称：　　　　　　　　您所在的部门：

2.单位性质

□大型国有企业　□外资、合资企业　□民营、私营企业

□学校、科研单位　□国家机关　□其他

3.单位规模（人数）

□20人以内　□20~50人　□50~100人　□100~300人　□300人以上

4.贵单位使用的主要财务软件是（可多选）

□用友　□金蝶　□ORACLE　□SAP　□其他

5.贵单位（部门）招聘本科毕业生的主要方式（可多选，不超过3项）

□直接与高校联合培养，择优先用优秀毕业生

□从实习生中择优选择

□从网上招聘，大中专毕业生自荐

□通过熟人介绍或内部推荐

□通过政府主管部门举办的毕业生双选会

□到学校开展直接招聘

（二）人才需求情况（选择用"√"）

6.贵单位招聘财务领域的学生时主要招聘哪些专业的毕业生？（可多选，不超过3项）

□金融学　□财务管理　□税务　□资产评估　□审计

□会计学　□企业管理　□统计学　□其他

7.贵单位录用金融学专业毕业生主要从事的岗位有（可多选，不限项）

□金融　□财务管理　□审计　□统计分析　□助理、秘书　□其他

8.贵单位招聘本专业学生的相关证书要求是（可多选，不超过5项）

□无要求　□银行从业证　□期货从业证　□保险从业证　□证券从业证

□英语证书　□计算机证书　□初级会计证　□其他

9.您认为本专业毕业生应具备哪些职业能力？（可多选，不超过3项）

□专业知识能力　□组织管理能力　□人际交流与沟通能力

□学习创新能力　□计算机应用能力

□外语应用能力（包括专业外语能力）

10.贵单位新入职的本专业学生的专业知识与技能是否符合实际工作的需求？

专业知识与技能	符合需求	一般	不太符合需求
金融理论知识			
金融问题分析能力			
金融方针、政策和法规			
金融学科的理论前沿和发展动态			
批判性思维能力			
金融知识与技能			
计算机知识与技能			
外语知识与技能			
数据统计与分析知识与技能			
沟通交流能力			
写作能力			
其他（请补充您认为其他必要的知识与技能）			

11.贵单位期望的产教融合模式是（可多选）

□企业合作办班订单培养　□企业在学校投资实训基地

□长期稳定接收毕业生就业　□学校聘请用人单位专业人员为实践指导老师

□校企协同育人　□企业接收学生实习

□学校承担用人单位的继续教育任务　□企业奖学金　□其他

12.根据您的工作经历和理解，请您评价高校开设的下列实践课程的重要程度，以及联合培养的必要性（每项单选）

课程名称	重要性程度			联合培养的必要性	
	很重要	一般	不重要	不必要	很必要
商业银行业务实训					
Python在数据分析中的应用					
金融业务实操					
SPSS在金融统计分析中的应用					
大商科虚拟仿真综合实训					
金融学专业实习					
计量分析软件实操					

13.您认为我校在金融学专业教育与教学过程中哪些方面仍需加强？（开放式）

第二部分：相关院校调研内容

调研内容为珠江三角洲地区开设金融学专业的同类院校的人才培养方案，主要包括广东财经大学、广东金融学院、华南理工学院、华南师范大学、深圳大学、佛山科学技术学院、东莞理工学院的人才培养方案。

第三部分：毕业生校友的调研内容

（一）基本信息（选择用"√"）

1. 您的姓名（可匿名）
2. 您的入学年份
3. 现任职部门及岗位
4. 现任职单位类型

□ 大型国有企业 □ 外资、合资企业 □ 民营、私营企业

□ 学校、科研单位 □ 国家机关 □ 其他

5. 现任职单位规模（人数）

□ 20人以内 □ 20～50人 □ 50～100人 □ 100～300人 □ 300人以上

（二）对学习相关内容的评价

6. 您对在校期间学习生活的整体满意度（单选）

□ 满意 □ 一般 □ 不满意

7. 毕业后所从事的工作与所学专业知识的关联程度

□ 专业对口，联系密切 □ 专业对口，但联系一般

□ 专业不对口，但有一定的联系 □ 完全没有联系

8. 您认为在校期间培养哪些能力对个人的职业发展非常重要？（可多选）

□ 专业知识能力 □ 组织管理能力 □ 人际交流与沟通能力

□ 学习创新能力 □ 计算机应用能力

□ 外语应用能力（包括专业外语能力）

9. 您认为在校期间参加哪些竞赛对个人的职业发展非常重要？（可多选）

□ 财务案例分析大赛 □ ERP沙盘模拟大赛 □ 模拟炒股大赛

□ 大学生创业大赛 □ 英语口语大赛 □ 数学建模大赛

□ 统计建模竞赛 □ 其他

10. 您认为在校期间获得哪些证书对个人的职业发展非常重要？（可多选）

□ 无要求 □ 银行从业证 □ 期货从业证 □ 保险从业证 □ 证券从业证

□英语证书　　□计算机证书　　□初级会计证　　□其他

11.您认为目前我校金融学专业教育与教学存在的不足是什么？（可多选）

□师资力量不够　　□培养目标不明确　　□理论不能联系实际

□人力培养模式缺乏创新　　□校内实训条件不足　　□校外实习基地不足

12.根据您的学习体验和认识，评价目前课程设计的合理性

□课程设置合理　　□课程设置过多，学习难度很大

□课程设置不足，可拓展相关学科范围　　□其他

13.据您在工作中的体会，评价下列金融学专业教育相关课程的重要程度

课程名称	重要	一般	不重要	课程名称	重要	一般	不重要
会计学基础				民间金融			
政治经济学				互联网金融			
统计学				投资银行学			
微观经济学				期货投资学			
逻辑学				投资学（双语）			
财政学				投资项目评估与管理			
金融学				创业投资项目分析			
线性代数				证券交易基础			
宏观经济学（双语）				证券投资基金管理学			
概率论与数理统计				证券投资技术分析			
证券投资学				金融企业会计			
商业银行业务与经营				财务管理			
计量经济学				财务会计			
公司金融（双语）				财务报表分析			

续表

课程名称	重要	一般	不重要	课程名称	重要	一般	不重要
国际金融				会计电算化			
金融风险管理				金融营销学			
金融英语				网络营销			
金融工程导论				经济学研究方法论			
保险学				博弈论			
金融市场学				国际结算			
金融理论前沿与热点专题				公共经济法			

14.根据您的工作体验和认识，评价下列实训课程的重要程度

课程名称	重要	一般	不重要
商业银行业务实训			
Python在数据分析中的应用			
金融业务实操			
SPSS在金融统计分析中的应用			
大商科虚拟仿真综合实训			
金融学专业实习			
计量分析软件实操			

15.毕业后您又学习或进修过哪些新的知识、技术？

16.您对学校金融专业的改革发展有什么意见和建议？（如课程增减、授课方式改变等）

第四部分：本专业在校生的调研内容

（一）基本情况（选择用"√"）

1. 您的性别

□ 男　　□ 女

2. 您对在校学习生活的整体满意度（单选）

□ 满意　　□ 一般　　□ 不满意

3. 您为什么选择就读金融专业？

□ 自己喜欢　　□ 专业人士推荐　　□ 家人决定　　□ 服从调剂　　□ 其他

（二）学习相关情况

4. 入读后在专业难度方面与自己的预期有什么差距？

□ 难度超出预期　　□ 难度与预期一致　　□ 难度不及预期　　□ 不确定

5. 您认为在校期间培养哪些能力对自己的未来发展非常重要？（可多选）

□ 专业知识能力　　□ 组织管理能力　　□ 人际交流与沟通能力

□ 学习创新能力　　□ 计算机应用能力

□ 外语应用能力（包括专业外语能力）

6. 您在校期间参加过哪些竞赛？（可多选）

□ 财务案例分析大赛　　□ ERP沙盘模拟大赛　　□ 模拟炒股大赛

□ 大学生创业大赛　　□ 英语口语大赛　　□ 数学建模大赛

□ 统计建模竞赛　　□ 其他

7. 您觉得在校期间应该取得哪些证书？（可多选）

□ 无要求　　□ 银行从业证　　□ 期货从业证　　□ 保险从业证　　□ 证券从业证

□ 英语证书　　□ 计算机证书　　□ 初级会计证　　□ 其他

8. 您认为目前我校金融学专业教育与教学存在的不足是什么？（可多选）

□ 师资力量不够　　□ 培养目标不明确　　□ 理论不能联系实际

□ 人力培养模式缺乏创新　　□ 校内实训条件不足　　□ 校外实习基地不足

9. 根据您的学习体验和认识，评价目前课程设计的合理性

□课程设置合理 □课程设置过多,学习难度很大

□课程设置不足,可拓展相关学科范围 □其他

10.根据您在学习中的体会,评价下列金融学专业教育相关课程的重要程度

课程名称	重要	一般	不重要	课程名称	重要	一般	不重要
会计学基础				民间金融			
政治经济学				互联网金融			
统计学				投资银行学			
微观经济学				期货投资学			
逻辑学				投资学(双语)			
财政学				投资项目评估与管理			
金融学				创业投资项目分析			
线性代数				证券交易基础			
宏观经济学(双语)				证券投资基金管理学			
概率论与数理统计				证券投资技术分析			
证券投资学				金融企业会计			
商业银行业务与经营				财务管理			
计量经济学				财务会计			
公司金融(双语)				财务报表分析			
国际金融				会计电算化			
金融风险管理				金融营销学			
金融英语				网络营销			
金融工程导论				经济学研究方法论			
保险学				博弈论			
金融市场学				国际结算			
金融理论前沿与热点专题				公共经济法			

11.根据您的学习体验和认识，评价下列实训课程的重要程度

课程名称	重要	一般	不重要
商业银行业务实训			
Python在数据分析中的应用			
金融业务实操			
SPSS在金融统计分析中的应用			
大商科虚拟仿真综合实训			
金融学专业实习			
计量分析软件实操			

12.您本科毕业后的就业选择是什么？

☐银行　　　☐证券公司　　☐企业财务岗

☐公务员　　☐读研　　　　☐其他

13.针对金融学专业的学生，您认为学院应该在哪些方面进行改进？（开放式）

后　记

随着本书的圆满收官，我深感金融科技时代对本科金融人才培养与教学研究所带来的挑战与机遇并存。在撰写本书的过程中，我深刻体会到金融科技正以迅猛的速度改变着金融行业的面貌，而我们的教育体系也必须与时俱进，以适应这一变革。具体来说，金融科技对本科金融人才培养与教学研究的影响体现在以下几个方面。

①课程体系与教学内容的改革：传统的金融课程体系和教学内容已经难以适应金融科技时代的需求，我们需要对课程体系和教学内容进行改革，增加金融科技相关的课程和知识模块，使学生掌握金融科技的基本理论和应用技能。

②教学方法与手段的创新：金融科技的发展为教学方法和手段的创新提供了广阔的空间。学校可以利用大数据、人工智能等技术手段，开发智能化的教学平台和工具，提高教学效果和学习体验。同时，还可以引入项目制、案例式等教学方法，培养学生的实践能力和创新思维。

③实践教学环节的加强：金融科技的应用需要实践经验的积累，因此，学校需要加强实践教学环节，为学生提供更多的实践机会和平台。例如，可以与企业合作建立实习基地，让学生参与真实的金融科技项目；还可以举办金融科技竞赛等活动，激发学生的兴趣和潜能。

本书的写作历程并非一帆风顺，充满了挑战。在资料搜集与整理阶段，我深感金融科技领域的博大精深，每一个细微的技术革新都可能对金融行业产生深远的影响。在探讨本科金融人才培养与教学改革的章节中，我更是深感责任重大。金融科技时代对金融人才提出了新的要求，他们不仅需要具备扎实的金融理论知识，还需要具备运用先进信息技术解决实际金融问题的能力。因此，我在书中详细分析了传统金融教育模式的局限性，并提出了一系列创新的教学改革思路，旨在培养既精通金融又擅长技术的复合型金融人才。

金融电子化趋势越来越明显，社会对金融专业人才的要求也越来越高，显然传统的金融教学模式已不适合新时代金融人才培养的发展需求。金融科技时代，应用型本科高校需要在人才培养方向、人才培养目标、课程体系建设等方面进行重新规划。在人才培养方向上，需要既注重理论研究，又注重技能型人才培养。在数字信息化时代，金融多元化和全球化使互联网金融市场提高了对金融人才的专业要求，高校将不得不做出应对新时代培养复合型金融专业人才的方案。比如，本科院校金融学专业有必要按照金融行业社会需求安排相应的课程、实施一体化教育，在实践中培养学生的应用能力及综合素质。

在本书的写作过程中，得到了广东技术师范大学财经学院金融系老师以及金融专业学生的支持与帮助。老师们无私地分享了自己的研究成果与实践经验，学生们坦诚地分享了自己的学习心得与感受，为本书的撰写提供了丰富的素材和灵感。在此，我要向他们表示衷心的感谢。

同时，我也要感谢我的家人和朋友们，他们在我撰写本书的过程中给予了我无尽的理解与支持。正是有了他们的陪伴与鼓励，我才能够坚持不懈地完成这部著作。

展望未来，我深知金融科技时代本科金融人才培养与教学研究仍然任重而道远。我希望本书能够成为广大教育工作者和金融学子在金融科技时代探索与前行的有力助手，为推动我国金融科技教育的蓬勃发展贡献一份力量。我们需要密切关注金融科技的发展趋势和前沿动态，及时调整和优化我们的教育体系和教学内容；同时，还需要加强与国际同行的交流与合作，共同推动金融科技教育和研究的发展。我相信，在大家的共同努力下，我们一定能够培养出更多适应金融科技时代需求的复合型人才，为金融行业的可持续发展贡献我们的力量。